Die Frühe Bundesbahn

franckh HISTORISCHE TECHNIK

E. Palm-Baumann / K. Hierl

DIE FRÜHE BUNDESBAHN

Eindrucksvolle Farb-Fotografien von Reinhold Palm

Franckh'sche Verlagshandlung Stuttgart

Mit 146 Farb- und 8 Schwarzweißabbildungen aus dem Archiv Reinhold Palm.

Umschlag gestaltet von Kaselow Design, München, unter Verwendung einer Aufnahme von Reinhold Palm.

Gäbe es so etwas wie eine »Blaue Mauritius« bei den Eisenbahnfotografen, so hätten gute Betriebsbilder des Tages-Gliedertriebzuges VT 10 501 der Deutschen Bundesbahn – noch dazu in Farbe – wohl eine gute Anwartschaft auf den Titel. Denn dieser Zug stand wegen seiner hohen Schadanfälligkeit so selten im Einsatz, daß ihn kaum jemand aufnahm.

Neben der Rarität haben wir diesen Zug als Titel ausgewählt, weil er als Symbol für die Aufbruchsstimmung und den »Zeitgeist« der frühen Bundesbahnzeit steht: Mit schnellen, modischen Zügen, deren »Styling« fast an ein zeitgenössisches Flugzeug erinnert, wollte die DB um Kunden im gehobenen Fernverkehr werben.

Eine Besonderheit waren die erstmals in Deutschland angewendeten, einachsigen Laufwerke unter den Wagenübergängen, nur die Endwagen besaßen ein Maschinendrehgestell. Der Wagen befindet sich auf dem Bild nicht im Regeldienst, sondern auf einer Sonderfahrt über die rechte Rheinstrecke.

Die frühe Ausmusterung des Triebzuges im Jahre 1959 wird angesichts der Tatsache verständlich, daß seine Betriebskosten elfmal (!) so hoch lagen wie die eines konventionell gefertigten Schnelltriebwagens der Bauart VT 08!

Das Bild auf Seite 2 zeigt einen bereits ausgestorbenen Beruf: den Streckengänger, der für den korrekten Zustand der Strecke verantwortlich ist.

Franckh'sche Verlagshandlung, W. Keller & Co., Stuttgart/1989

Das Werk einschließlich aller seiner Teile ist urheberrechtlich geschützt. Jede Verwertung außerhalb der engen Grenzen des Urheberrechtgesetzes ist ohne Zustimmung des Verlages unzulässig und strafbar. Das gilt insbesondere für Vervielfältigungen, Übersetzungen, Mikroverfilmungen und die Einspeicherung und Verarbeitung in elektronischen Systemen.

© 1989, Franckh'sche Verlagshandlung, W. Keller & Co., Stuttgart
Printed in Germany/Imprimé en Allemagne
L 10 HU H ste/ISBN 3440-05959-6
Satz: typoservice, Achern
Reproduktionen: Repro GmbH, Fellbach
Herstellung: Richterdruck, Würzburg

CIP-Titelaufnahme der Deutschen Bibliothek

Die frühe Bundesbahn / E. Palm-Baumann; K. Hierl.
Eindrucksvolle Farb-Fotogr. von Reinhold Palm. –
Stuttgart: Franckh, 1989
  (Franckh historische Technik)
  ISBN 3-440-05959-6
NE: Palm-Baumann, Elisabeth [Hrsg.]; Palm, Reinhold [Ill.]

Vorwort

Die Fotografien des vorliegenden Bandes vermitteln etwas von der Aufbruchstimmung, von der enormen technischen Anstrengung der DB in den fünfziger und sechziger Jahren und auch von der Einheit von Innovation und Design, die – damals oft geschmäht – heute von manchen schon wieder nostalgisch gesehen wird.

Die heute für uns selbstverständliche Farbfotografie wurde in den Nachkriegsjahren aus Kostengründen nur von wenigen Berufs- und Industriefotografen genutzt. Reinhold Palm, der Eisenbahner und bekannte Fotograf, bevorzugte aber damals bereits Farbdias und Farbnegative in den Größen 6x6 und 9x13, so daß uns heute in diesem Band brillante Bilder als Zeugen dieser Zeit zur Verfügung stehen. Selbstverständlich blieb dieses Farbmaterial zum Teil 30, ja 40 Jahre alt, vom Zahn der Zeit nicht verschont und zeigt in einigen wenigen Fällen Farbstiche, die bewußt nicht wegretuschiert wurden.

Reinhold Palm wurde 1913 in Frankfurt am Main geboren. Bereits in den frühen Jugendjahren widmete er sich der Fotografie. Nach dem Abitur und dem Ableisten des Wehrdienstes schlug er die Inspektorenlaufbahn bei der Bahn (Reichsbahn) ein und wurde bald als Reserveoffizier eingezogen. Nach der Rückkehr aus der Kriegsgefangenschaft 1949 übernahm er die Pressestelle der Deutschen Bundesbahn (Direktion Frankfurt am Main) und wurde hier fast 30 Jahre lang eine für die Frankfurter Journalisten nahezu unentbehrliche Adresse.

Eisenbahner wurde Reinhold Palm nicht von ungefähr. Sein Großvater war schon Bahnhofsvorsteher in Sankt Goar am Rhein und als solcher nicht nur mit dem klangvollen Titel eines Königlich-Preußischen Eisenbahninspektors ausgestattet, sondern auch noch mit einer farbenprächtigen Uniform, zu der ein blitzender Säbel gehörte. Zu den Aufgaben des Altvorderen gehörte es unter anderem auch, regelmäßig die Posten am Tunnel gegenüber dem Loreleyfelsen zu kontrollieren, wobei ihn der Enkel manchmal begleiten durfte.

Nebenberuflich war Reinhold Palm bereits in den fünfziger Jahren einer der erfolgreichsten Fotografen der Bun-

desrepublik und errang mit seinen Bildern, vor allem aus der Welt der Eisenbahn, auf Ausstellungen im In- und Ausland zahlreiche erste Preise.

Anläßlich des 3. Internationalen Fotowettbewerbs der Europäischen Eisenbahnen 1958, an dem sich Fotografen aus zehn Ländern beteiligten, wurden ihm von der Fédération Internationale des Sociétés Artistiques de Cheminots (FISAIC) der 1., 2. und 3. Preis in der Farbfotografie überreicht. 1960 wurde Reinhold Palm von der Fédération Internationale de l'Art de la Photographie (FIAP) in Bern zum »Artiste FIAP«, zum Künstler ernannt. Es folgten viele weitere Auszeichnungen. Seine Bilder sind einem größeren Publikum über Veröffentlichungen in der Tagespresse, in Fachzeitschriften, auf vielen Bundesbahnkalendern, großformatig auf Plakatwänden in Bahnhofshallen und -restaurants und bei Ausstellungen der Bundesbahn im In- und Ausland bekannt geworden. Zahlreiche deutsch- und fremdsprachige Eisenbahnbücher sind mit seinen Bildern bereichert worden. Reinhold Palm legte im Laufe der Jahre ein umfangreiches Archiv eigener und historischer Bilder an. Aber für die Darstellung seiner Fotografien in einem Bildband nahm er sich keine Zeit; lieber ging er mit Kameras bepackt an den Gleisen entlang und wartete auf »seine Eisenbahn«.

Reinhold Palm starb im November 1984 in seinem Haus in Kronberg im Taunus. An seiner Stelle wollen hier die Herausgeber, seine Tochter Elisabeth Palm-Baumann und Konrad Hierl, der in seiner Jugend die Bilder von R. Palm gesammelt hat und, inspiriert davon, nebenberuflich Eisenbahnfotograf und Autor mehrerer Eisenbahnbücher ist, die meisterhaften Farbfotografien der DB aus den fünfziger und sechziger Jahren der Öffentlichkeit zugänglich machen. Die Herausgeber hoffen vermitteln zu können, was Reinhold Palm bei seinen fotografischen Streifzügen beseelt hat: keinen Lokomotivkatalog oder eine flächendeckende Bestandsaufnahme der Bahn, sondern Glanzlichter, die er gekonnt in Szene gesetzt hat – die Harmonie von Eisenbahn und Landschaft, der Reiz purer Technik, die vielseitigen Gesichter des Unternehmens oder – eines seiner liebsten Themen – die Eisenbahn als Verkehrsmittel zu und in den schönsten Urlaubsgebieten Deutschlands. Viel Vergnügen bei der Reise mit der »frühen Bundesbahn« wünschen

E. Palm-Baumann
K. Hierl

Dampflokomotiven im Dämmerlicht

Wer in den frühen siebziger Jahren die letzten Dampflokbaureihen der Deutschen Bundesbahn fotografiert hat, wird sich die frühere Vielfalt kaum mehr vorstellen können: rund 12 600 Maschinen waren 1949 – dem Gründungsjahr der DB – im Bestand, die sich auf 66 verschiedene Bauarten verteilten, von denen oftmals nur wenige Stück existierten. Neun weitere Typen kamen in den fünfziger Jahren als Neubauten oder Umbauten noch hinzu, so daß nicht weniger als 75 Bauarten die Gleise der Bundesbahn befuhren. Sie sind in der an-

Das Original des »Adler«, der ersten deutschen Lokomotive von 1835, war 1857 verschrottet worden. Für die Hundertjahrfeier 1935 ließ die Reichsbahn einen Nachbau anfertigen, der auch 1960 beim 125-Jahr-Jubiläum wieder unter Dampf gesetzt wurde. So entstand die nachgestellte Biedermeierszene.

schließenden Tabelle nach dem Abstelljahr geordnet aufgeführt.

Grob skizziert sah ihr Einsatz folgendermaßen aus: Nur das bereits seit den zwanziger bzw. dreißiger Jahren elektrifizierte bayerische Netz mit München als Mittelpunkt war vorhanden, welches westlich bis Stuttgart und im Norden bis Ludwigsstadt an der »Zonengrenze« reichte. Dieselfahrzeuge spielten nur in wenigen Bereichen, nämlich im hochwertigen Fernschnellverkehr, im Nahbereich großer Städte und auf Nebenlinien sowie im Rangierdienst eine gewisse Rolle, ansonsten war »König Dampf« unumschränkter Herrscher; 1950 beispielsweise wurden 88 Prozent aller Triebfahrzeugkilometer mit Dampf gefahren.

Erste größere Ausmusterungswellen erfolgten um 1950/51 mit der vermehrten Ausbesserung kriegsbeschädigter Dampfloks aus neueren und zahlenmäßig starken Bauarten sowie der einsetzenden Lieferung der Neubautypen seit 1950. Im einzelnen erhielt die DB folgende neue Dampfloktypen aus Umbau oder Neubau:

Reihe	Stückzahl	Baujahr	Bemerkungen
10	2	1957	Teilstromlinienverkleidung
18^6	30	1953–56	ex 18^5
23	105	1951–59	
42^{90}	2	1951	ex 52
50^{40}	31	1955	ex 50
65	18	1951–56	
66	2	1955	
78^{10}	2	1951	ex 38^{10}
82	41	1950–55	

233 Stück, davon 65 Umbau- und 168 Neubauloks.

Daneben rüstete man eine größere Anzahl von Maschinen älterer Bauarten mit Neubaukesseln und/oder Ölhauptfeuerung aus, um im schweren Hauptstreckendienst die durch die Leistungsfähigkeit des Heizers begrenzte Lokomotivleistung erhöhen zu können. Insgesamt erhielten 109 Maschinen (34 Stück 01^{10}, 2 Stück 10, 40 Stück 41, 32 Stück 44 und 1 Stück 50^{40}) eine Ölfeuerung.

Die wenigen Neubaudampfloks und das geringe Elektrifizierungstempo bis 1955 hielten die Ausmusterungen in Grenzen. Beschleunigt wurde die Umstellung in der zweiten Hälfte der fünfziger Jahre, als das Hauptstrecken-Elektrifizierungsprogramm voll einsetzte, die ersten Serien größerer Dieselloks – die berühmten V 200

In den frühen fünfziger Jahren schuf Reinhold Palm meisterhafte Schwarzweiß-Impressionen von der Bahn, von denen wir nur einige bringen können – sie wären ein eigenes Buch wert.
Um 1953 führt die heutige DB-Museumslok 01 1100 einen Schnellzug über die Main-Weser-Bahn. Der Oberbau auch von Hauptstrecken, die mit hoher Geschwindigkeit befahren wurden, mußte damals noch von Hand durchgestopft werden, was eine böse Schinderei für die Männer der Gleisbaurotte bedeutete, von denen aus guten Gründen keiner einen »Wohlstandsbauch« besitzt! Längst verschwunden sind die Telegrafen-Freileitungen, welche spätestens bei Elektrifizierungen solcher Strecken unter die Erde verlegt wurden.

Auch die 01 220 kann heute noch bewundert werden, wenn auch nicht im prächtigen Einsatz, sondern als Lokomotivdenkmal in Treuchtlingen, wo sie seit 1970 steht. Sie gehört zu den 50 »Nulleinsern«, die ab 1957 mit einem Neubaukessel ausgerüstet wurden; unser Bild zeigt sie noch im alten Zustand, als sie um 1950 bei grimmigem Winterwetter aus dem Frankfurter Hauptbahnhof ausfährt.

– und eine große Zahl von Triebzügen für den Nahverkehr, vor allem die Schienenbusse VT 95/VT 98, abgeliefert wurden. Anschaulich ablesen läßt sich dies etwa bei den Ausmusterungen 1958: Die Baureihe 05 wurde durch neu angelieferte V 200 aus ihrem angestammten, hochwertigen Fernschnellzugdienst gedrängt, die Reihen 45 und 95 verloren durch die Elektrifizierung der Spessartstrecke Würzburg – Frankfurt mit der Steilrampe Laufach – Heigenbrücken als Kernstück ihre Daseinsberechtigung, und die Lokalbahnloks wiederum wurden ein Opfer der fortschreitenden Verbreitung der Schienenbusse auf den Nebenbahnen.

Dieser Trend setzte sich über ein volles Jahrzehnt bis in die zweite Hälfte der sechziger Jahre fort; kein Neubauprogramm hat vorher und wird in Zukunft eine derart durchschlagende Wirkung haben wie das der Jahre 1957 bis 1967, weil hier zwei gewichtige Faktoren zusammenkamen – einmal der enorme Nachholbedarf bei dem durch Kriegseinwirkung stark beanspruchten und überalterten Triebfahrzeugpark, zum anderen der durch wachsende Betriebskosten und Konkurrenz erzwungene Druck zu Rationalisierung und Beschleunigung.

Dieses Jahrzehnt reduzierte die Dampftraktion in bezug auf Kilometerleistungen, Stückzahl und Baureihenvielfalt derart, daß sich ein näherer Blick darauf lohnt:

Dampflokbestand
(ca.-
Zahlen)   1952 1957 1958 1959 1961 1964 1968

            10900 9400 8700 7800 6800 6000 2000

Abnahme Stückzahl pro Jahr im Durchschnitt
            300   700   900   500   270   1000

Anteil der Triebfahrzeugkilometer des Dampfbetriebes
            1950 1961 1962 1963

            88%   53%   48,4% 41,7%

Abnahme
pro Jahr   3,2% 4,6% 6,7%

Dieser massive Abgang wurde zum einen durch den ab 1956 einsetzenden Neubau der elektrischen Einheitslokomotiven E 10, E 40, E 41 und E 50 erreicht, zum anderen mit der Lieferung mittelschwerer und universell einsetzbarer Streckendiesellloks ab 1960, zunächst der Reihe V 100 mit über 900 Stück und ab 1964 der stärkeren V 160. Im Rangierdienst hatte sich die V 60 bereits seit 1956 unentbehrlich gemacht. Marksteine beim Abbau des Dampflokbestands waren beispielsweise die Ausmusterung berühmter Reihen wie der bayerischen S3/6 (18^5) im Jahre 1962, die Abstellung der erst ein Jahrzehnt vorher eingeführten Umbau- und Neubautypen, beginnend mit den Reihen 42^{90} im Jahre 1959 und 78^{10} 1961 oder der Rückzug der Dampftraktion aus dem schweren Hauptbahn-Schnellzugsdienst im Jahre 1968, als die Strecke Hamburg-Osnabrück durchgehend elektrisch befahren werden konnte.

Abschließend eine Übersicht der **Abstellungsjahre** der Bundesbahn-Dampflokomotiven, also des Zeitpunktes, zu dem die letzten Exemplare einer Baureihe aus dem aktiven Dienst verschwanden. Dieser Zeitpunkt differiert oft von dem der offiziellen Ausmusterung, da manche Maschinen noch für Sonderzwecke – wie z. B. die 18er und 45er der Versuchsämter Minden und München – verwendet wurden oder einige Zeit abgestellt blieben, bis sie die amtliche Ausmusterung ereilte. Speziell für die fünfziger Jahre war der Zeitpunkt der Abstellung nicht immer genau zu ermitteln, so daß sich hie und da kleine Unkorrektheiten eingeschlichen haben können.

Jahr	Abgestellte Baureihen
1952	61
1953	58^{10}, 89^1, 91^0
1954	77^1, 94^2
1955	18^1, 38^4, 55^{16}, 70^1, 87
1956	62, 71
1957	55^0
1958	05, 45, 95, 98^5, 98^{16}
1959	18^4, 98^{18}
1960	42, 42^{90}, $89^{6,7}$, 93^0
1961	78^{10}, 81, 85, 92^{20}, 94^1, 98^{17}
1962	18^5, 52, 70^0, 75^1, 97^5, 98^3
1963	75^0, 91^3, 97^1
1964	56^{20}, 89^8, 89^{70}
1965	18^6, 74^4, 80, 92^2, 92^5
1966	03^{10}, 24, 75^{4-11}, 98^{10}, 98^{11}
1967	39, 50^{40}, 56^2, 66
1968	10, 93^5, 98^8
1972	03, 55^{25}, 65, 82
1973	01
1974	38^{10}, 64, 78, 86, 94^5
1975	01^{10}, 23
1977	41, 44, 50

Rechts:

Nächtliches Stimmungsbild um 1955: von links eine 38^{10} mit Wendezugsteuerung, die 78 089 und eine P 10 – vermutlich aus Limburg.

Oben:
Mitte der fünfziger Jahre stand der hochwertige Reisezugdienst bei der DB noch ganz im Zeichen der Dampflokomotive. Ein Paradebeispiel dafür waren die beiden doppelgleisigen Rheinstrecken, bei denen zunächst die linke von Mainz bis Köln 1958, die rechte im Jahre 1962 auf elektrischen Betrieb umgestellt wurde. Um 1956 bringt die 03 112 auf der linken Rheinstrecke an der Burg Pfalz beim Weiler Kaub einen Schnellzug südwärts; der einsame, nagelneue Opel Olympia auf der Bundesstraße verdeutlicht, wie sehr sich die Lage zwischenzeitlich zum Nachteil der Eisenbahn geändert hat. Unsere 03 112 gehörte übrigens zu den langlebigen Maschinen ihrer Reihe, sie war noch 1967 beim Bw Ulm im Einsatz.

Rechts:
Die Masten sind gesetzt und auch die Fahrleitung hängt schon, als im Sommer 1958 die 01 216 einen D-Zug über die linke Rheinstrecke, wiederum bei Kaub, bringt. Die Maschine gehört zu den 50 Loks ihrer Gattung, die ab 1957 mit neuen Hochleistungskesseln ausgerüstet worden waren. Rechts von der Straße ist die Abfahrtsstelle der Autofähre nach Kaub zu sehen, welche im Hintergrund gerade näherkommt.

Mitte der fünfziger Jahre erschienen die letzten beiden Dampflok-Neubautypen der DB: Die Reihe 10, 1957 in nur zwei Exemplaren von Krupp in Essen geliefert, war ursprünglich als Vierkuppler für schwerste Schnellzüge geplant gewesen. Die Stromlinienverkleidung sollte zum einen die Vorteile der vollständig verkleideten Vorkriegsbauarten, nämlich Einsparung von Energie bei höheren Geschwindigkeiten durch geringeren Luftwiderstand, aufnehmen, zugleich aber deren Nachteile vermeiden, nämlich die schlechte Wartungsmöglichkeit und die Neigung zu »Heißläufern« bei verschalten Triebwerken.

Die Reihe 66, 1955 ebenfalls nur in zwei Exemplaren von Henschel in Kassel erbaut, war für den leichten Personenverkehr auf Haupt- und Nebenbahnen vorgesehen und sollte die alten preußischen 38^{10}, 78 und 93 ersetzen. Der Strukturwandel, der Übergang der Zugförderung vom Dampf- auf Elektro- und Dieselbetrieb, verhinderte den Weiterbau beider Typen, ihre Aufgaben wurden schon von den modernen Traktionsarten übernommen. Als »Splittergattungen« – Bauarten mit weniger als 20 Einheiten – hielten sie sich nur ein gutes Jahrzehnt lang im Betrieb: im Januar 1968 wurde die 10 001 beim Bw Kassel abgestellt, die 66 002 als letzte ihrer Gattung bereits im September 1967 beim Bahnbetriebswerk Gießen. Erfreulicherweise sind beide Lokomotiven erhalten geblieben.

Oben:
Immer wieder packend: Das Triebwerk einer Dampflokomotive der Reihe 50, im neuen Anstrich Kraft und Eleganz gleichermaßen ausstrahlend.

Rechts:
Noch einmal die Reihe 10 mit ihrer formschönen Stromlinienverkleidung, hier in Gestalt der Schwestermaschine 10 002, die im Jahre 1972 bedauerlicherweise verschrottet wurde. Deutlich wird hier, welchen Stellenwert man damals noch diesen Maschinen zumaß – mit einer V 200 und dem TEE-Triebzug VT 11 wird sie gleichwertig auf einer Ausstellung gezeigt!

Oben:
Andere Typen des Dampflok-Neubauprogrammes erlebten größere Auflagen, wie die Baureihe 23 für den mittelschweren Reisezugdienst, die einmal die preußische P 8 ablösen sollte – und dann fast zeitgleich mit dieser aus dem Einsatz gezogen wurde. Auch im Schnell- und Eilzugdienst waren sie brauchbar, wie die 23 016 auf unserem Bild, die mit einem D-Zug auf der Main-Weser-Bahn von Frankfurt nach Gießen das Stellwerk in Bad Nauheim passiert.

Rechts:
Doch wurden nicht nur neue Dampflokomotiven gebaut, sondern auch ältere Serien grundlegend verbessert, insbesondere solche, die in den späten dreißiger Jahren erbaut worden waren und aufgrund der damals herrschenden Materialbewirtschaftung und daraus resultierender Verwendung schlechter Baustoffe frühzeitig Alterungsschäden aufwiesen. So erhielten alle 26 Maschinen der leichten Drillings-Schnellzuglok 03[10], die nach 1945 zur DB kamen, in den Jahren 1956 bis 1958 neue Hochleistungskessel, wie die 03 1014, die um 1960 unter einer herrlichen Dampffahne den Kölner Hauptbahnhof verläßt und gleich die Hohenzollernbrücke über den Rhein passieren wird. Trotzdem mußten alle 03[10] bereits 1966, nur acht Jahre nach ihrer Modernisierung, beim Bw Hagen-Eckesey ihren Dienst quittieren. Der gotische Kölner Dom bildet den unverwechselbaren, markanten Hintergrund dieses meisterhaften Bildes.

Links:
Bleiben wir noch am Rhein, zu dessen begleitenden Bahnstrecken es Reinhold Palm zu allen Jahreszeiten immer wieder hinzog. Kurz vor Aufnahme des elektrischen Betriebes, diesmal auf der rechten Rheinstrecke im Jahre 1962, zieht 50 2194 einen langen Stückgutzug Richtung Süden. Bemerkenswert der damals gerne verwendete, weiße »Pufferteller-Warnanstrich« sowie die noch große Anzahl alter preußischer G 10-Flachdachwagen im Zug.

Rechts:
Ein Motiv, wie man es schöner kaum einfangen kann: Eine Frankfurter 78er mit neuen B3yg-Umbauwagen, denen in Zugmitte – wahrscheinlich für die zweite Klasse des noch drittklassigen Zuges – eine »Donnerbüchse« der Bauart 1929 beigegeben ist, durchfährt den malerischen Ort Aßmannshausen an der rechten Rheinstrecke um 1956. Nächster Halt ist die Weinstadt Rüdesheim.

Vom Süden hinauf in den hohen Norden! Seit 1927 verbindet der Hindenburgdamm die Insel Sylt mit dem schleswig-holsteinischen Festland bei Klanxbüll. Bis 1968 bewältigten die 03 vom Bw Hamburg-Altona einen guten Teil der durchgehenden Schnellzüge von Hamburg nach Westerland, im September 1972 – zuletzt waren ölgefeuerte 01^{10} eingesetzt gewesen – endete der Dampfbetrieb auf dieser Strecke völlig.

Die Aufnahme um 1965 zeigt einen solchen Expreß, der bei der Ortschaft Keitum die Insel erreicht hat; bemerkenswert sind im Zug nicht weniger als drei rote DSG-Schlafwagen dreier Epochen: hinter der Lok läuft ein Ganzstahlwagen der Bauart 1928, es folgt ein Seitengangwagen vom Typ »Universal« aus den frühen Sechzigern und der dritte ist ein früher Nachkriegs-Schürzenwagen von 1950.

Die wenigen Güterzüge und die für Sylt typischen Auto-Überstellzüge wurden Mitte der sechziger Jahre von der Reihe 50 geführt. Zahlreiche Loks besaßen einen »Kabinentender«, dessen Häuschen dem Zugführer zur Mitfahrt diente und einen eigenen Begleitwagen für diesen ersparte. Reizvoll zu betrachten sind auch die Automobile in den Doppelstockwagen, deren »modernster« ein Ur-Kadett von Opel des Modelljahres 1963 ist.

»Eisenbahnen im Lauf der Jahreszeiten« gehörte zu Reinhold Palms liebsten Bildthemen. Herrlich blühende Obstbäume im April zeigen denn auch diese um 1960 entstandenen Aufnahmen von der Main-Weser-Bahn. Die ölgefeuerte 01 1082 zieht einen Eilzug aus Mitteleinstiegswagen der Bauart 1951, die 23 023 (rechts) dagegen hat einen Personenzug am Haken. Personenzug? Ja, denn nur in diesen wurden noch dreiachsige preußische Abteilwagen mit Oberlichtdach verwendet, von denen eines hinter dem Tender hervorspitzt.

Im Güterverkehr auf nicht elektrifizierten Hauptbahnen dominierte die Dampflokomotive bis um 1965 völlig, denn geeignete Dieselmaschinen standen erst ab dieser Zeit mit der Serienlieferung der Reihe V 160 zur Verfügung. Zwei der für den Frankfurter Raum typischen, auf einem der Güterbahnhöfe dieser Region aufgenommenen Lokbauarten sehen wir hier: links eine der über dreitausend ab 1939 erbauten 1'E-Lokomotiven der Baureihe 50, rechts eine 56² mit der Achsfolge 1'D, von denen fast 800 Stück in den dreißiger Jahren durch Umbau von preußischen G 8¹ von 1913 durch das Zufügen einer vorderen Vorlaufachse entstanden, was höhere Fahrgeschwindigkeiten ermöglichte. Die von Henschel in Kassel – wie am Firmenschild auf dem Zylinder ersichtlich – erbaute 50 1430 besitzt noch große Windleitbleche (»Elefantenohren«) der Bauart Wagner, die bis Anfang der sechziger Jahre gegen solche der kleineren Bauart »Witte« ausgewechselt wurden. Die letzten DB-50er schieden 1977 aus, während die letzte 56, die 56 241 vom Bw Hohenbudberg, bereits zehn Jahre früher den aktiven Dienst quittiert hatte. Beide Loks verfügen noch nicht über das um 1960 eingeführte »Dreilicht-Spitzensignal«, woraus folgt, daß die Bilder in der zweiten Hälfte der fünfziger Jahre entstanden sein dürften.

Nach den Typenfotos wieder hinaus in die Landschaft! An einem sonnigen Frühlingstag um 1955 führt eine preußische P 8 – Baureihe 38^{10} – einen wunderschönen Personenzug durch die oberhessische Landschaft zwischen Fulda und Hanau. Er besteht aus vier dreiachsigen Abteilwagen der 1956 aufgehobenen 3. Klasse und einem ebenfalls dreiachsigen Packwagen noch aus den Zeiten der preußischen Länderbahn, nur der stählerne Zweiachser in Wagenmitte ist jünger, nämlich von 1929, er repräsentiert die 2. Wagenklasse. Die Abteilwagen besaßen noch die bei Unfällen äußerst gefährlichen Holzaufbauten; die letzten Holzwagen zog die DB 1962 aus dem Verkehr.

An einem sonnigen Apriltag zu Beginn der sechziger Jahre fuhr Reinhold Palm die 44 1217 bei Obersinn an der Strecke Fulda – Gemünden vor die Linse. Das Wetter war schön, aber windig wie so oft um diese Jahreszeit, was am bewegten Wasser des Teichs zu erkennen ist – deshalb spiegelt sich der Zug nur als dunkler Schatten ohne Konturen. Über die stark befahrene Strecke lief der gesamte Verkehr aus dem norddeutschen Raum nach Bayern; damals hat sicher noch niemand von einer mit bis zu 400 km/h befahrbaren, kreuzungsfreien Neubaustrecke Fulda –Würzburg geträumt, die heute in wenigen Kilometern Abstand an der Fotostelle vorbeiführt ...

Urlaubsfahrten führten Reinhold Palm immer wieder nach Süddeutschland. Bei diesen Gelegenheiten sind auch diese beiden winterlichen Stimmungsaufnahmen entstanden, vermutlich im Allgäu um 1960, wenn auch eine genaue Ortsangabe leider nicht möglich ist.
Sie zeigen links die 64 439 im Voralpenland und rechts die 86 283 beim Überqueren eines blinklichtgesicherten Bahnübergangs; die letzten Vertreter beider Reichsbahn-Nebenbahntypen schieden bei der DB 1974 aus. Die gezeigte 86er wurde allerdings schon im Jahre 1965 beim Bahnbetriebswerk München Hbf aus dem Betrieb gezogen.

Als Abschluß des ersten Kapitels eine Rarität und auch Kuriosität: Es zeigt die zum Zeitpunkt der Aufnahme 101 Jahre alte Lok Nr. 680 der österreichischen Graz-Köflacher-Eisenbahn (GKB), aufgenommen im November 1961 im Frankfurter Hauptbahnhof!

Bei diesem Loktyp handelt es sich um die Serie 29 der k. k. privilegierten Südbahn-Gesellschaft, die als Standard-Güterzuglok jener Zeit von 1860 bis 1872 in einer Anzahl von rund 200 Stück beschafft wurde. Aufgrund der einfachen und robusten Bauweise besaßen viele Maschinen ein außerordentlich langes Leben, so auch die vier, die zu Beginn der zwanziger Jahre an die mit der Südbahn verbundene GKB in der Weststeiermark verkauft wurden: noch 1961 standen sie mit den Original-Südbahnnummern 671, 674, 677 und 680 im Verschubdienst, damals die ältesten, regelmäßig eingesetzten Dampfloks der Welt! Im selben Jahr ließ ein besonderes Ereignis einen der Veteranen aus dem gemütlichen Beinahe-Pensionärsdasein in der grünen Steiermark direkt in das Rampenlicht der großen, weiten Welt fahren: Der 1926 gedrehte US-Stummfilm »Der General« lief, mit deutschen Untertiteln aufpoliert, in unseren Lichtspielhäusern an, wozu eine Werbetour mit dem auch 35 Jahre danach noch quicklebendigen Hauptakteur Buster Keaton durch die Bundesrepublik durchgezogen wurde. Dazu muß der Inhalt des Films, der auf einer wahren Begebenheit aus dem amerikanischen Sezessionskrieg (1862–65) basiert, kurz geschildert werden: Spione der Nordstaatenarmee entführen einen

Personenzug der Konföderierten (Südstaaten) mitsamt der Lok »General«, um eine wichtige Nachschublinie unbrauchbar zu machen. Lokführer Johnnie (Buster Keaton) eilt den Entführern nach, »klaut« seinen »General« in einem unbeobachteten Moment wieder zurück und dampft schleunigst Richtung Heimat, hart verfolgt von einer zweiten Lok der Nordstaatenarmee mit Namen »Texas«, die auf dem Höhepunkt des Streifens von einer brennenden Holzbrücke in das darunterfließende Gewässer kracht. Die rauhe Realität des 11. April 1862 hatte zwar anders ausgesehen – die »General« war schon während der Hinfahrt von der »Texas« eingeholt worden, die Entführer wurden gestellt und später standrechtlich erschossen – was dem Erfolg des Films jedoch keinen Abbruch tat.

Als Werbegag fuhr nun Keaton, »der Mann, der niemals lachte«, in München, Frankfurt und in anderen Städten auf der 680, die rechtsseitig mit dem Namen »General« versehen worden war, in den jeweiligen Hauptbahnhof hinein, stieg ohne ein Wort von der Maschine, hantierte mit der Ölkanne am Triebwerk herum und verschwand mitsamt der Lok nach kurzer Zeit wieder. –

Noch heute besitzt die Graz-Köflacher-Bahn die Lokomotive 671, nunmehr 129 Jahre alt, voll betriebsfähig für Nostalgiefahrten; unsere um 1964 herum abgestellte 680 existiert ebenfalls noch und erhält im Museum für Verkehr und Technik in Berlin (MVT) einen Ehrenplatz.

Mit der Bahn in die schönsten deutschen Urlaubsgebiete

Selbstverständlich ist dies nicht ein Überblick über alle Erholungsoasen der Bundesrepublik, die mit der Bahn erreicht werden können, sondern wir wollen nur drei landschaftlich und eisenbahntechnisch interessante Strecken herausgreifen.

Höllental- und Dreiseenbahn

Durch eine teilweise wildromantische Gegend führt die Höllentalbahn von Freiburg im Rheintal ostwärts über Hirschsprung und Hinterzarten, wobei zwischen diesen Stationen auf etwa 7 km Streckenlänge ein Höhenunterschied von rund 325 m in Neigungen bis 1:18 überwunden werden muß, nach Neustadt (Schwarzwald), von wo aus später die Verlängerung nach Donaueschingen (und Ulm) vorangetrieben wurde. Die 35 km lange Linie Freiburg – Neustadt konnte am 23. Mai 1887 feierlich eingeweiht werden. Die in Titisee, schon auf der Hochebene des Schwarzwaldes, nach Seebruck abzweigende »Dreiseenbahn«, deren Unterwegsbahnhof Feldberg-Bärental mit 967 m Seehöhe der höchstgelegene Bahnhof der DB ist, wurde dagegen erst knapp 40 Jahre später, am 2. Dezember 1926, in Betrieb genommen.

Die Steilrampe Hirschsprung – Hinterzarten mußte dem damaligen Stand der Technik entsprechend mittels Zahnstange überwunden werden. Dieser Zustand, der durch das geringe Fahrtempo sowie die notwendigen Betriebshalte zum An- und Absetzen der Zahnradlok viel Zeit kostete, dauerte fast ein halbes Jahrhundert an und wurde erst 1933 völlig aufgegeben, nachdem die Reichsbahn im Jahr zuvor eine neue, schwere Tenderdampflokomotive mit sieben Achsen – die Reihe 85 – beschafft hatte.

Eine weitere Beschleunigung erfuhren die Züge 1936 mit der durchgehenden Elektrifizierung der Höllental- und der Dreiseenbahn sowie der Beschaffung von vier E-Loks der Reihe E 244. Erstmals in Deutschland wurde eine Bahnlinie mit »Industriefrequenz« 20 000 V/50 Hz betrieben, so genannt, weil der Fahrstrom aus Kraftwerken des Landesnetzes entnommen werden konnte, die für Haushalt und Industrie Wechselstrom dieser Periodenzahl erzeugten. Nach 24 Betriebsjahren stellte man zum Mai 1960 auf die einheitliche Bahnstromart von 15 000 V/16 2/3 Hz um, weil zum einen die Rheintallinie bereits entsprechend elektrifiziert war, was den Bahnhof Freiburg zum Systemwechselbahnhof mit allen seinen Nachteilen stempelte, und zum anderen war der »Systemstreit« der frühen fünfziger Jahre ohnehin längst zugunsten des 16 2/3 Hz-Netzes entschieden worden.

Karwendel- bzw. Mittenwaldbahn

Diese Strecke bildete eine der »Keimzellen« des Elektrobetriebes der Deutschen Bundesbahn mit Wechselstrom von 15 kV Spannung und 16 2/3 Hz Frequenz. Eröffnet wurde die Linie Garmisch – Mittenwald – Innsbruck am 28.10.1912, wobei nicht nur diese 58 Kilometer völlig neu gebaut wurden, sondern auch die Zubringerstrecke München – Garmisch in einen hauptbahnmäßigen Zustand versetzt werden mußte: vor allem das letzte Stück, der 1889 eröffnete Abschnitt Murnau – Garmisch, bestand nur aus einer privaten Lokalbahn. Den Hintergrund des bayerischerseits als »Karwendelbahn« bezeichneten Projekts – in Tirol hat sich dagegen die Bezeichnung »Mittenwaldbahn« eingebürgert – bildeten großzügige Fernbahnplanungen wie die Überschienung des Fern- und des Reschenpasses als neue Alpentransversalen, welche trotz Ansätzen aber leider nie verwirklicht wurden.

Die Karwendelbahn weist starke Steigungen auf; bereits von Garmisch-Partenkirchen (708 m) an überwindet man auf den elf Kilometern bis zum ersten Scheitelpunkt Klais (933 m) 225 Höhenmeter, es folgt ein leichtes Gefälle über die Schmalenseehöhe bis Mittenwald, der letzten Station auf bayerischem Boden. Nach der Grenze klettert die Eisenbahn über Scharnitz stetig wieder bergauf bis zum Wintersportort Seefeld in Tirol, auf 1181 Meter Seehöhe gelegen, um anschließend auf nur 23 km Streckenlänge durch äußerst schroffes Gelände mittels kühner Kunstbauten wie Schloßbachbrücke und Martinswand-Galerie 600 m tief bis Innsbruck abzufallen, wobei der in Fahrtrichtung rechts sitzende Fahrgast einen atemberaubenden Weitblick über das tief unten liegende Inntal genießen kann. Wegen dieser extremen Steigungen sahen beide Länder von Anbeginn an elektrischen Betrieb mit Wechselstrom vor; Bayern begann mit fünf Loks EP 3/5, den nachmaligen E 62, Österreich beschaffte neun Elektroloks der Reihe 1060. Bis in den Zweiten Weltkrieg hinein waren die Ursprungstypen auf ihrer Stammstrecke anzutreffen: niedrige Höchstgeschwindigkeit und geringe Leistungsfähigkeit machten bald den Einsatz stärkerer und schnellerer Lokbauarten notwendig. Auf bayerischer Seite waren dies in chronologischer Folge die Bauarten E 32, E 52, E 16, E 17 und E 44, bei den Österreichern die 1170.100 und 200, die späteren Reihen 1145 und 1245, die bis 1979/80 planmäßig auf der Mittenwaldbahn liefen und als die typischen Bauarten bezeichnet werden können. Interessanterweise hielt sich die E 44, auf dem deutschen Abschnitt die klassische Karwendel-Lok, ebenfalls bis 1979. Die modernen Einheitsbauarten E 10 und E 41 waren bereits ab 1956 in Mittenwald zu sehen, von Seiten der Österreichischen Bundesbahn setzte man die 4030er-Triebwagenzüge als erste moderne Fahrzeuge ein. Heute prägen die 111er der DB und die 1044er der ÖBB in recht einheitlicher Weise das Bild; geblieben ist die grandiose Landschaft.

Königsseebahn

Eine gewisse Bitterkeit schwingt mit bei der Erwähnung der nur 4,3 km kurzen, aber landschaftlich wunderschönen Lokalbahn Berchtesgaden – Königssee, denn die DB legte sie 1965 still und baute sie 1971 ab.

Auch diese Bahn lief von Anbeginn an elektrisch – Betriebseröffnung war Pfingstsonntag, der 29. Mai 1909 – und zwar mit 1000 Volt Gleichstrom, also ähnlich einer Trambahn, wozu die Kgl. Bay. Staatsbahn vier zweiachsige Motorwagen MBCL, spätere Reihe ET 184, beschafft hatte. Der Ausflugsverkehr zum Königssee sorgte vor allem im Sommer für eine hohe Auslastung dieser Linie. Über 30 Jahre lang änderte sich kaum etwas, bis 1938 die ebenfalls mit Gleichstrom und denselben Wagen befahrene Linie Berchtesgaden – Schellenberg – Landesgrenze (-Salzburg) stillgelegt wurde und aus der Königsseebahn eine isolierte Kurzstrecke machte. Daher erfolgten im Juli 1942 die Umstellung auf Wechselstrombetrieb nach dem normalen System, das schon seit 1915 auf der sich anschließenden Hauptbahn Berchtesgaden – Freilassing eingeführt war, und der Einsatz von Münchner Vororttriebwagen ET 85, die den scharfen Kurven und starken Neigungen – bis zu 27 ‰ – jedoch nicht ganz gewachsen waren: bald rüstete man sie mit Lenkachssteuerungen der Bauart Liechty aus und änderte 1949 die Getriebeübersetzung, wodurch die Wagen bei langsamerer Gangart zugkräftiger wurden. Die drei eingesetzten Wagen ET 85 13, 14 und 16 bildeten fortan die neue Reihe ET 90 01–03; zwei aus bayerischen Personenwagen der Bauart 1910 umgebaute Beiwagen (EB 85 90, 91) und zwei Steuerwagen ES 85, einer davon ein Umbau aus einem sächsischen Nebenbahn-Personenwagen, vervollständigten ab etwa 1950 den Fuhrpark. Am 2. Oktober 1965 verkehrte der letzte Zug, nachdem ab 1962 nur noch im Sommer gefahren worden war.

Bis zum Jahre 1960 bot die Höllentalbahn außergewöhnliche technische Besonderheiten, nämlich die einzige mit Wechselstrom von 50 Hz bei 20 000 Volt elektrifizierte Strecke der Bundesbahn. Vier elektrotechnisch verschieden aufgebaute Lokomotiven der Reihe E 244 für dieses System – auf der mechanischen Basis der bewährten E 44 – waren 1936 beschafft worden; eine weitere sowie ein Triebzug kamen um 1950 noch dazu, beide aus kriegsbeschädigten Fahrzeugen umgebaut. Der letztgenannte, ein Einzelstück mit der Betriebsnummer ET 255 01, stand ab Januar 1951 im Einsatz und wurde 1960 für das normale Wechselstromnetz mit 16 2/3 Hz umgebaut. Als ET 45 01 zunächst noch auf seinen Stammstrecken im Einsatz, wurde er ab Mitte der sechziger Jahre immer mehr aus dem planmäßigen Betrieb gedrängt und zur Erprobung neuer technischer Komponenten wie der ersten thyristorgesteuerten Nutzbremse bei der DB im Jahre 1967 benutzt. Seine Ausmusterung erfolgte im Mai 1972. Die beiden Bilder zeigen ihn in der Nähe des Ravennaviaduktes bei Hinterzarten Ende der fünfziger Jahre; das linke Foto entstand auf derselben Höhe wie das rechte, nur vom Fahrweg links unten aufgenommen. Die blühenden lilafarbigen Kerzen der Lupinen vermitteln den Bildern die Stimmung eines Hochsommertages im Urlaub, wie man ihn sich schöner kaum vorstellen kann.

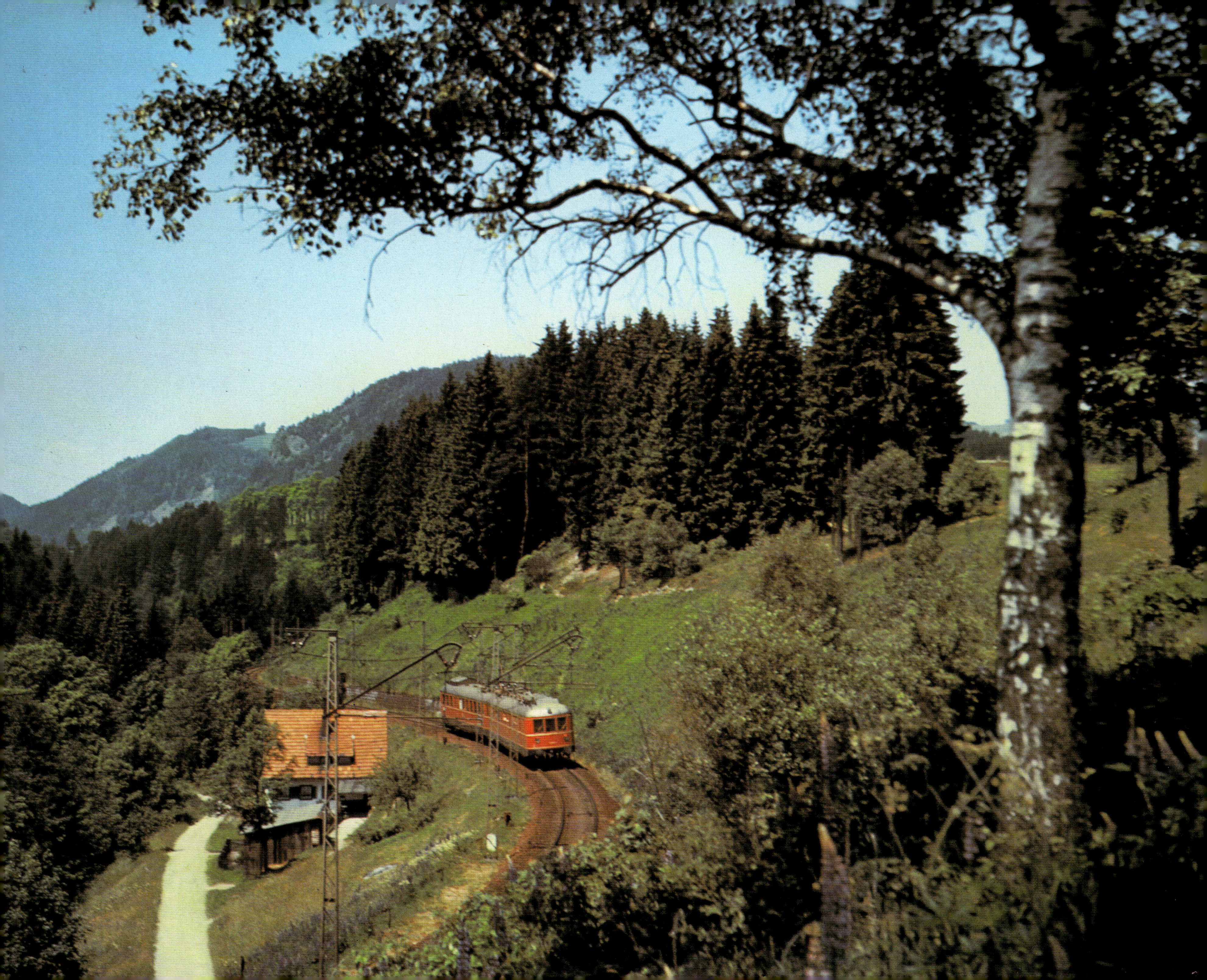

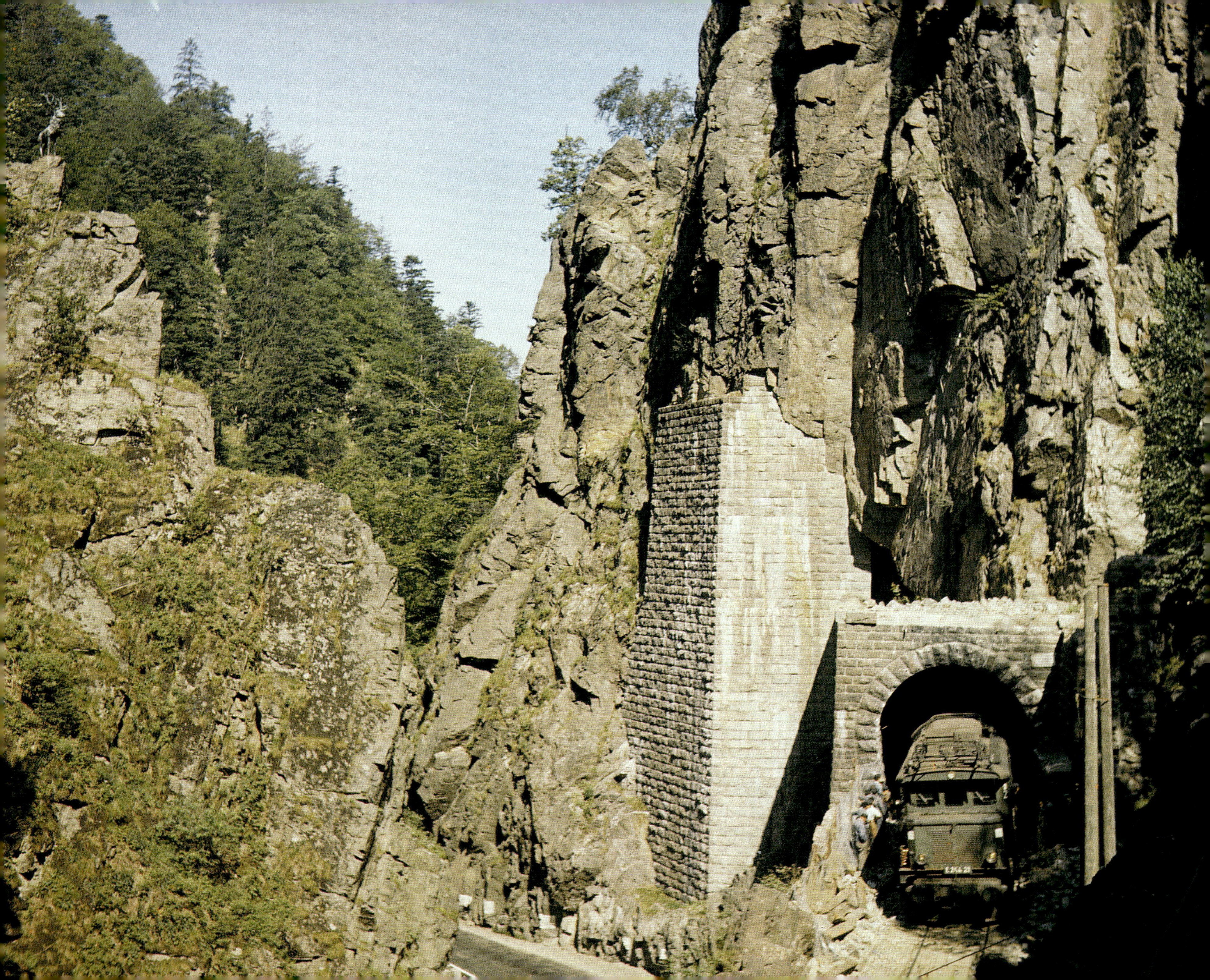

Links:
Eine der spektakulärsten Stellen der Höllentalbahn ist der »Hirschsprung« bei Hinterzarten, die mit etwa 15 Metern Breite engste Stelle des Tales, durch die sich Fluß und Straße zwängen müssen – die Bahn hat keinen Platz mehr und durchstößt den Engpaß im Unteren Hirschsprungtunnel, aus dem die E 244 21 soeben bergwärts ausfährt. Der Sage nach hat in alter Zeit ein von Jägern gehetzter Hirsch in Todesangst die Stelle übersprungen und ist so entkommen, wofür man ihm ein bronzenes Denkmal in Lebensgröße – auf dem obersten Felszacken links im Bild – gesetzt hat.
Die E 244 21 war die Probelok der Firmen Krauss-Maffei und Siemens von 1936; nach Einstellung des 50-Hz-Betriebes verwendete man Rahmen und Fahrgestelle für eine neue Mehrsystemlokomotive mit der Nummer E 344 01, die einige Jahre lang im grenzüberschreitenden Verkehr mit Frankreich vom Bahnbetriebswerk Saarbrücken aus eingesetzt wurde. Ausgemustert wurde sie 1969 nach einem größeren Schaden.

Rechts:
Trotz der »Elektrisierung«, wie man damals sagte, mußten auch nach 1936 noch ständig Dampflokomotiven die Höllentalbahn befahren, da die vier vorhandenen Elloks nicht ausreichten. So konnte sich die 1932/33 in zehn Stück beschaffte Baureihe 85, mit 134 Tonnen Dienstgewicht übrigens die schwerste deutsche Tenderlok überhaupt, noch bis 1960 halten, als nach der Umstellung des Stromsystems genügend Elloks vorhanden waren. Einer dieser Kraftprotze dampft mit einem Personenzug bei Hinterzarten bergwärts, nachdem er kurz vorher den im Hintergrund sichtbaren Ravenna-Viadukt überfahren hat. Eine Maschine, die 85 007, ist als rollfähiges, leider nicht betriebsfähiges Exponat erhalten geblieben.

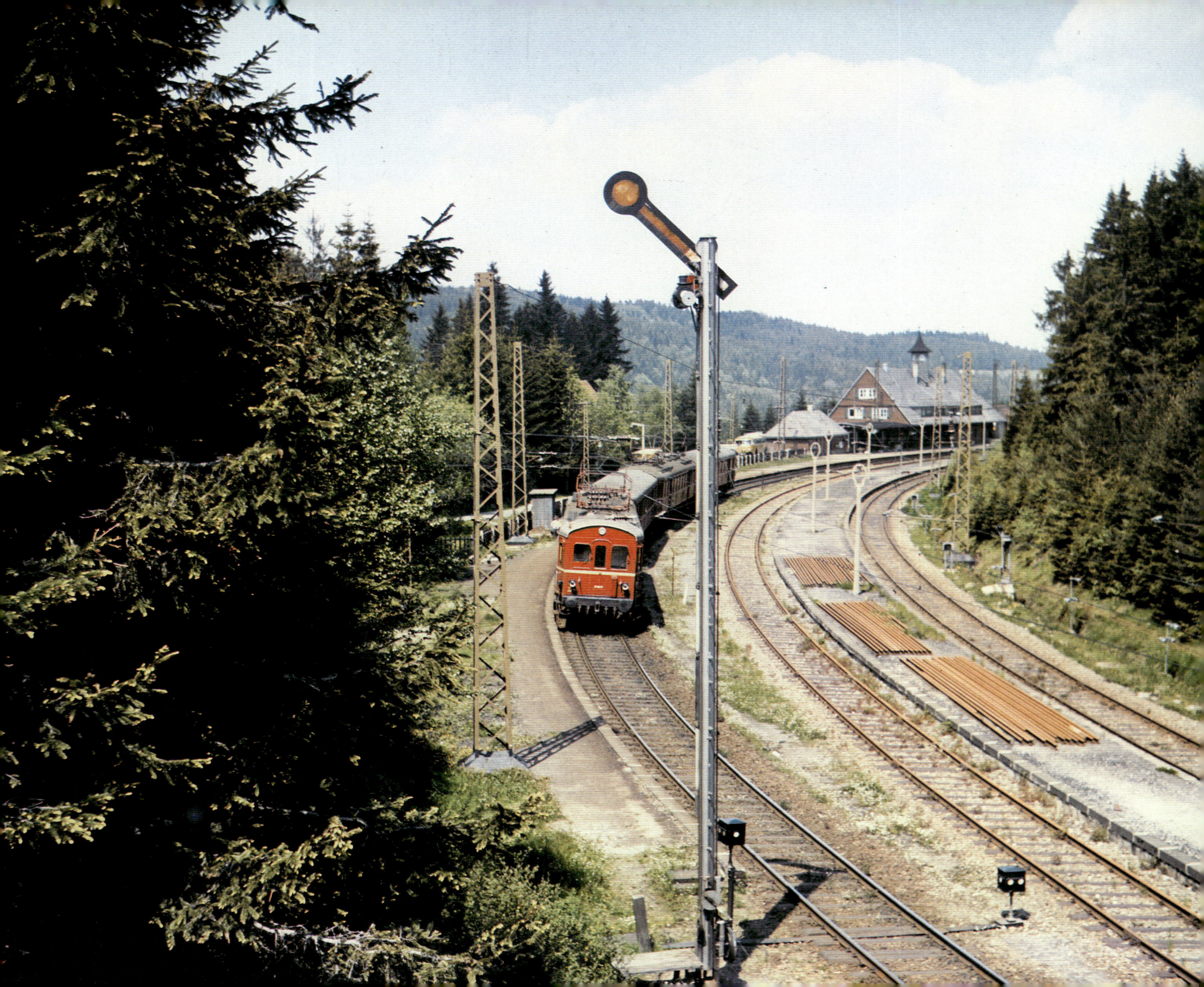

Links:
Auch nach 1960, als Höllental- und Dreiseenbahn in das normale Elektronetz der DB integriert waren, gab es noch interessante Fahrzeuge zu sehen. Zwischen Titisee und Seebruck verkehrten ehemalige Münchner Vorort-Triebwagen ET 85 aus den zwanziger Jahren in einer reizvollen Umgebung.

Ein Doppelzug, also zwei Motor- und zwei Steuerwagen mit dem ET 85 17 an der Spitze, verläßt um 1962 den Bahnhof Feldberg-Bärental, mit 967 m Seehöhe der höchstgelegene Bahnhof der DB.

Oben:
Ebenfalls auf der Dreiseenbahn ist an einem sonnigen Sommertag eine Doppelgarnitur ET/ES 85 unterwegs. Eine Besonderheit ist die »Kopf-an-Kopf«-Stellung beider Motorwagen, die im Betrieb sonst nicht gebräuchlich war.

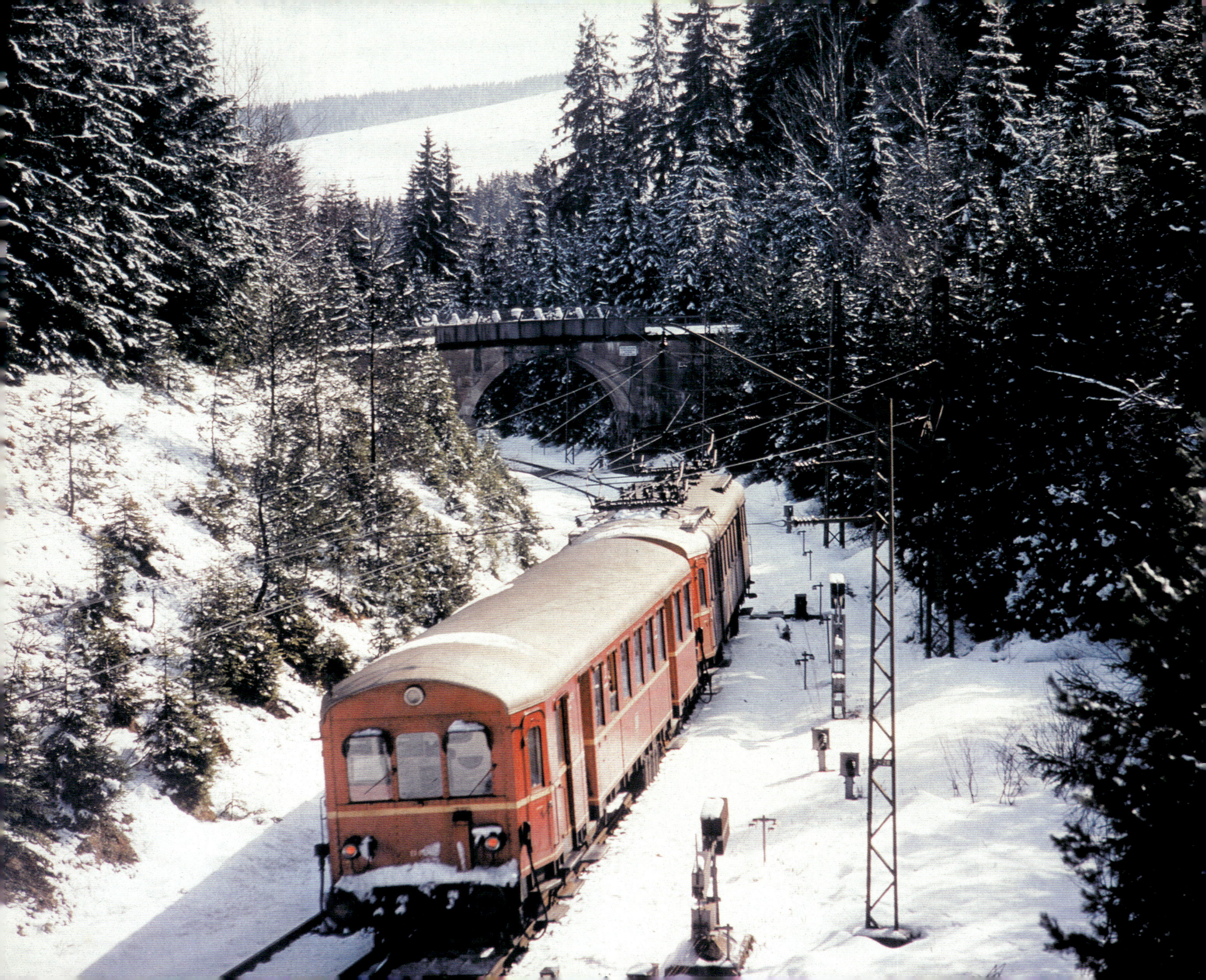

Zwei schöne Winterbilder schließen das Kapitel »Schwarzwald« ab. Links verläßt wieder eine ET-85-Garnitur den Bahnhof Altglashütten-Falkau, wegen des geringeren Fahrgastaufkommens in der kalten Jahreszeit nur als Zweiwagenzug. Rechts schon eine etwas modernere Garnitur aus E 44 und B3y-Umbauwagen; diese Elloks verkehrten noch bis 1979 im Schwarzwald. Beide Bilder entstanden etwa 1962/63. Das Besondere ist hier der Steuerwagen an der Zugspitze. Auch dem Laien wird die Ähnlichkeit mit dem ES-85-Steuerwagen auffallen, und tatsächlich war es einer:

Am 22. Mai 1952 wurde erstmals bei der DB ein planmäßiger Wendezugbetrieb zwischen München und Dachau eingeführt, also ein von einer Lokomotive geschobener Wagenzug, gesteuert von einem Führerstand im vordersten Waggon. Diese Zugart verband Vorteile des Wagenzuges – große Kapazität – mit denen eines Triebwagens, der am Endbahnhof ohne Umsetzen der Maschine sofort wieder zur Rückfahrt bereit war. Für diesen Wendezugverkehr, der übrigens auf Versuchen der Vorkriegszeit aufbauen konnte, waren die drei Steuerwagen ES 85 03, 04 und 16 von 1927/28 in die Wagen ESG 01–03 umgebaut worden, die zusammen mit alten preußischen Abteilwagen in auffälligem rot-weißem Anstrich die Züge bildeten. Als in der Folge laufend neue Reisezug- und Steuerwagen fabrikneu beschafft wurden, zog man die Probe-Steuerwagen weitgehend aus dem Münchner Verkehr zurück, lackierte sie grün und gab ihnen normale Wagennummern 98 396–98 398. Nur der 98 398 Mü verblieb bis zur Ausmusterung 1970 im Münchner Raum, wo er auf der Vorortbahn nach Wolfratshausen eingesetzt war; der 98 397 kam zur Direktion Karlsruhe und diesen sehen wir im Bilde. Bis Ende der sechziger Jahre verschwand auch er aus dem Personenverkehr.

Die bereits bei der Eröffnung 1912 elektrisch betriebene Karwendelbahn hatte es Reinhold Palm angetan und viele seiner Aufnahmen sind im Abschnitt zwischen Garmisch und dem Geigenbauerdorf Mittenwald entstanden. Die blaue E 41 007 war im Mai 1959 noch fast neu; sie nähert sich mit einem Eilzug aus Mittenwald bei herrlich klarem Frühsommerwetter dem Bahnhof Klais. Im Hintergrund grüßt die 2050 m hohe Schöttelkarspitze herüber.

Zwar laufen Loks der Baureihe 141 heute noch in größerer Anzahl, aber blaue Maschinen gibt es bereits seit etwa 15 Jahren nicht mehr. Auch der blaue Reisezugwagen ist etwas Besonderes: Für den Einsatz im »blauen F-Zug-Netz«, also in Fernschnellzügen, waren Anfang der fünfziger Jahre etwa 70 Vorkriegswagen der Gattungen 28 und 39 in dieser Farbe lackiert worden, welche ab 1956 allmählich durch neue 26,4-m-Wagen ersetzt wurden und in niedrigeren Diensten landeten, wie eben in Eilzügen, wobei sie allerdings rasch wieder grün lackiert wurden. Derartige Bilder sind also selten.

Extreme Wetterlagen und -umschläge sind im Gebirge etwas Normales, und so braut sich ein Gewitter über dem Wettersteingebirge zusammen, als eine Doppelgarnitur von Münchner ET 25 von Garmisch kommend in Klais einfährt. Der Triebzug besitzt noch die alte, vierfenstrige Front mit Übergangstüren, mit der er um 1935 geliefert wurde; 1963/66 rekonstruierte man alle noch vorhandenen ET/ES 25 mit neuen Fronten und Führerständen als dreiteilige Garnituren anstelle der zweiteiligen mit angehängtem Steuerwagen. Die letzten Triebzüge wanderten 1985 auf das Abstellgleis; ein Zug – wieder in den Originalzustand zurückgebaut – zählt heute zum Museumsbestand der DB, ein weiterer wurde an die private Oensingen-Balsthal-Bahn im Schweizer Jura verkauft.

Links:
Werfen wir nun einen Blick auf Zuggarnituren, die jahrzehntelang charakteristisch für die Karwendelbahn waren: links ein typischer Personenzug Innsbruck – Garmisch, bestehend aus der Innsbrucker 1145.12 und sechs zweiachsigen Personenwagen, wovon der zweite eine Reichsbahn-Donnerbüchse ist. Die anderen sind sogenannte »Spantenwagen«, einfache, aber sehr stabile und zweckmäßige Stahlkästen in Spantenbauweise, die ab 1953 in großer Zahl auf die Fahrgestelle alter Holzpersonenwagen gesetzt worden waren und das Bild österreichischer Personenzüge bis in die achtziger Jahre hinein prägten. Auf der Karwendelbahn lief nur die Version mit geschlossenen Einstiegen wegen der rauhen Witterung, während die meisten der umgebauten Wagen noch offene Plattformen aufwiesen und daher nach der Ausmusterung bei vielen Museumsbahnen großen Anklang fanden. Die ab 1930 gebaute Reihe 1145, 1260 kW stark und 70 km/h schnell, diente ein halbes Jahrhundert lang auf der Karwendelbahn. Einige Loks verwendet die Österreichische Bundesbahn heute noch für untergeordnete Zwecke. Im Hintergrund rechts das Karwendelmassiv mit Wörner und Tiefkarspitze.

Rechts:
Und das war der klassische Karwendel-Eilzug! Eine Garmischer E 44, ein Packwagen und vier Eilzugwagen der Verwendungsgruppe 30 rollen gemächlich durch blühende Wiesen im Mai 1959 Mittenwald entgegen. In den feuchten Wiesen die typischen Blockhütten zum Trocknen und Aufbewahren des Heus.

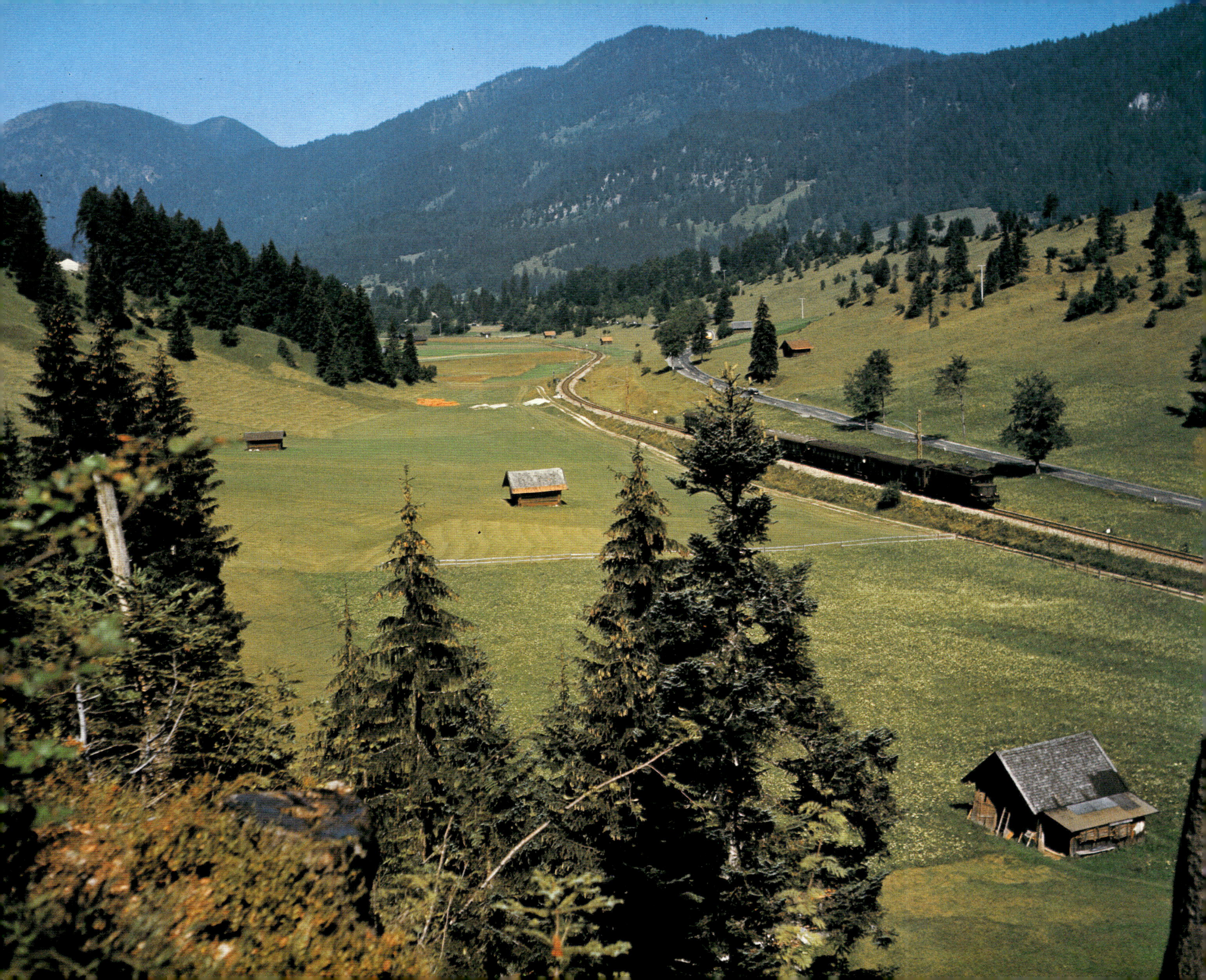

Die ÖBB hatte selbstverständlich auch moderne Fahrzeuge zu bieten. Als »Korridorzug« Innsbruck – Reutte in Tirol, so genannt, weil er von Mittenwald über Garmisch bis Griesen deutsches Gebiet ohne Halt zum Aus- und Einsteigen und damit ohne Paß- und Zollkontrolle befuhr, gleitet die 1956 erbaute Triebwagengarnitur 4030.04 + 6030.04 von Mittenwald kommend im sinkenden Nachmittagslicht dem Bahnhof Klais entgegen. Diesmal ist das Karwendelmassiv in voller Pracht sichtbar.

Obwohl das Bild strenggenommen nicht zur behandelten Epoche gehört – es entstand um 1970 – sei wegen der wunderschönen Vorfrühlingsstimmung eine Ausnahme gemacht. Vor dem Hintergrund von Wörner, Tiefkarspitze und Westlicher Karwendelspitze (von links) verläßt der Intercity 1151 »Karwendel« mit Ziel Seefeld den Bahnhof Klais. Es handelte sich dabei um einen Wochenend-Saisonzug für Skifahrer, der von den ehemaligen TEE-Triebwagen der Reihe VT 11.5 – ab 1968 Reihe 601 – nach ihrem Ausscheiden aus dem Trans-Europ-Expreßdienst gefahren wurde. Noch bis 1987 kamen die Züge im Touristikverkehr regelmäßig auf die Karwendelbahn.

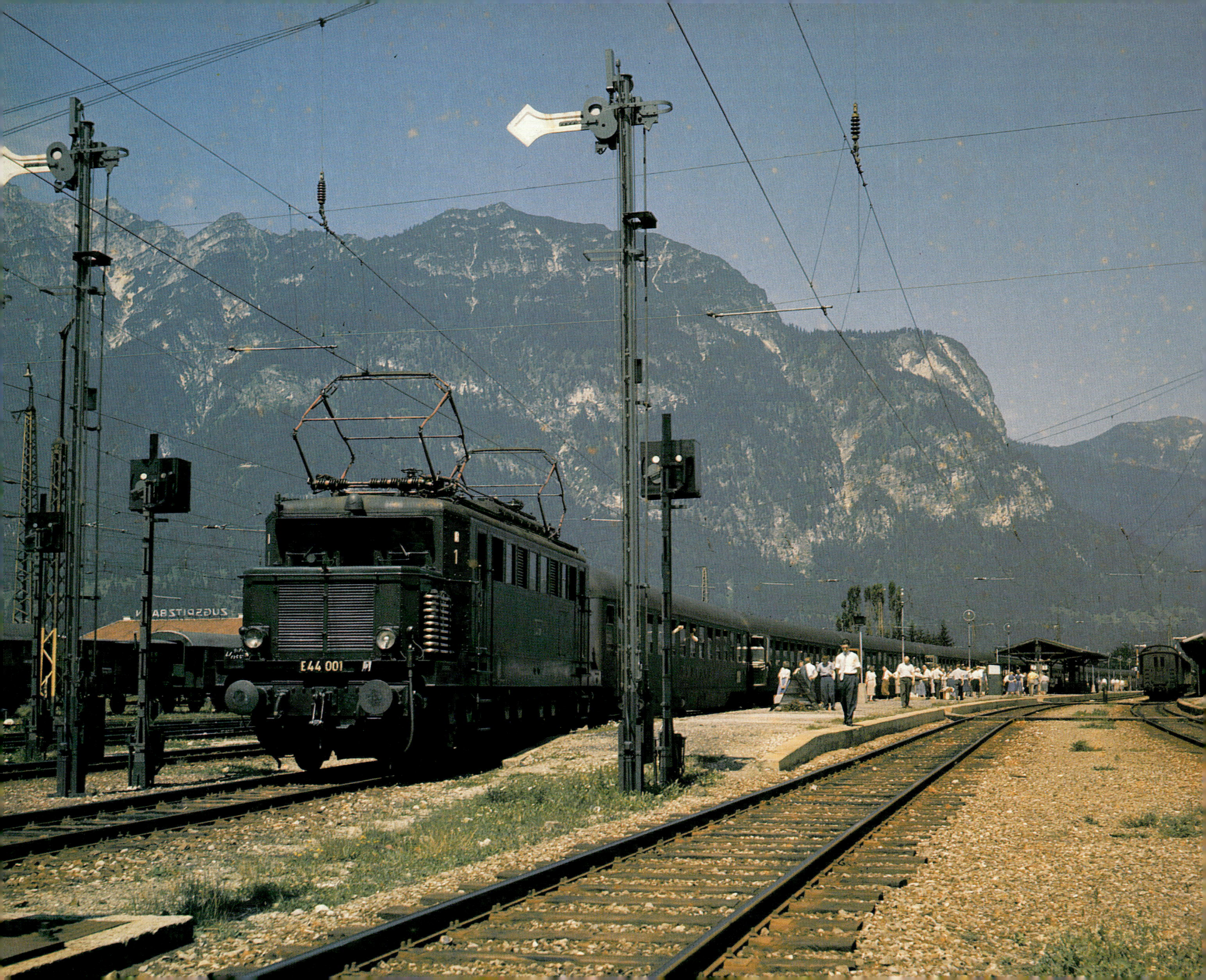
E44 001

Links:
Als Abschied vom Karwendel noch eine sehr rare Aufnahme der E 44 001. Im Sommer 1956 steht dieser Prototyp der Serien-E-44, 1930 von Siemens erbaut, mit einem Touropa-Sonderzug im Bahnhof Garmisch; die Urlauber quellen regelrecht aus den Wagen – damals fuhr man noch selbstverständlich mit der Eisenbahn in den Urlaub. Das Besondere ist das Aussehen der Lokomotive noch im Lieferzustand des Jahres 1930; Ende der fünfziger Jahre wurde sie umgebaut, wobei das charakteristische, weit über die Führerstandsfenster nach vorne gezogene Vordach entfiel. Ihre Ausmusterung erfolgte im Jahre 1978.

Rechts:
Die letzte unserer drei »Urlaubsstrecken« ist die elektrische Lokalbahn von Berchtesgaden zum Königssee im südöstlichsten Winkel Bayerns. Wegen der Kürze der Linie gab es nur zwei Haltepunkte unterwegs; einer davon war Unterstein-Schönau, wo der ET 90 03 um 1960 steht.

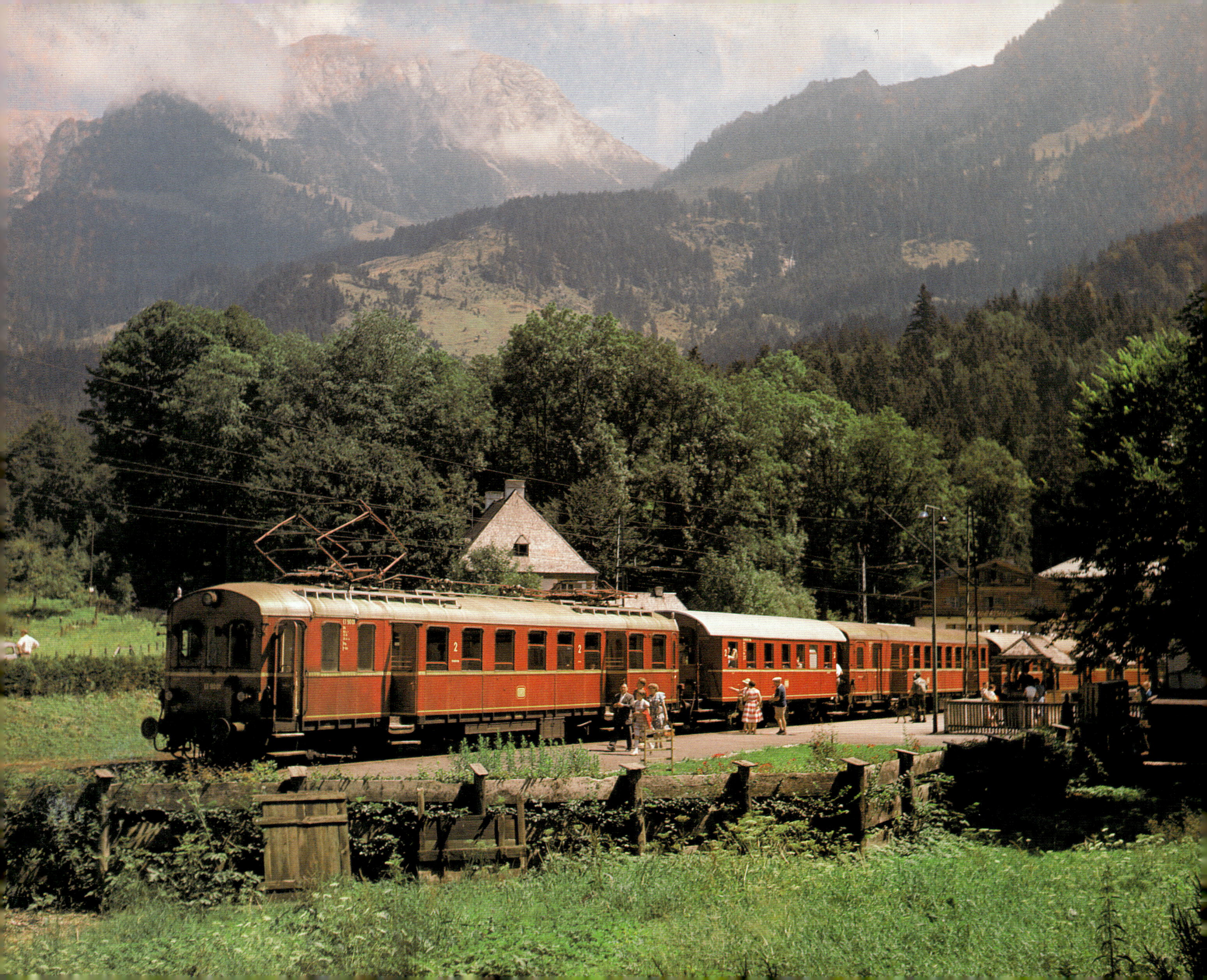

Kurz vor dem Endpunkt und im Endbahnhof Königssee wurden die beiden Bilder dieser Fünfwagengarnitur aufgenommen: vorne der ET 90 01, dann einer der Beiwagen EB 85 90 oder 91, ein ES 85 der Regelbauart, der aus einem sächsischen »Heidenau-Altenberg-Wagen« umgebaute ES 85 40 sowie der ET 90 03.

Elloks und Dieselloks als Symbol der neuen Bahn

Schon beim Kapitel von den Dampflokomotiven wurde angedeutet, wie – man ist versucht zu sagen dramatisch – der Anteil an den Zugförderungsleistungen bei den beiden modernen Traktionsarten anwuchs und derjenige der Dampftraktion im gleichen Maß abnahm. Die Hauptgründe dafür seien nochmals kurz genannt: Stark belastete Hauptstrecken eignen sich besonders für elektrischen Betrieb, weil er die Durchlaßfähigkeit und damit die Leistungsfähigkeit einer Strecke enorm steigert; zum einen kann in einer herkömmlichen Ellok eine im Vergleich zur Dampfmaschine sehr hohe Leistung pro Gewichtseinheit installiert werden – so weist etwa die »leichte« Güterzug-Ellok E 40 eine Dauerleistung von rund 5000 PS im Gegensatz zur »schweren« Güterzugdampflok der Reihe 44 von etwa 2000 PS auf – und zum anderen sind elektrische Lokomotiven sehr überlastbar, denn es kann kurzzeitig fast das Doppelte der Dauerleistung erbracht werden. Zum dritten schließlich ist die im Kraftwerk zentral erzeugte Energie pro Leistungseinheit billiger als diejenige, die im einzelnen Lokomotivkessel erzeugt wird.

Der Dieseltraktion auf breiter Basis wurde der Weg gebahnt durch die Verbilligung des Dieselöls ab Mitte der fünfziger Jahre im Angesicht steigender Kohlepreise, wodurch sie von den Brennstoffkosten her akzeptabel wurde, und außerdem war die dieselhydraulische Großlokomotive vor allem von der Münchner Firma Krauss-Maffei zur Betriebsreife durchentwickelt worden. Als deren sichtbares Ergebnis entstand von 1956 bis 59 eine erste Großserie von 81 Maschinen der Reihe V 200. Beiden Traktionsarten gemeinsam war die wirtschaftliche Betriebsweise mit nur einem Mann Personal, bei steigenden Lohnkosten ein sehr wichtiges Kriterium. Außerdem sind sie aus dem Stillstand heraus sofort betriebs-

Rechts:
Eine rassige Schnellzugmaschine in einer fast noch mittelalterlichen Umgebung am deutschen Rhein in Oberwesel – das verkörperte um 1960 den Fortschritt bei der Bundesbahn.

bereit, was bei der Dampflok hingegen immer ein kostenträchtiges »Ruhefeuer« oder stundenlange Anheizzeit bedingte.

Bei der Elektrotraktion begann nach intensiver Erprobung der fünf Versuchslokomotiven E 10 001–005 in den Jahren 1956/57 der Serienbau der »Einheitsloks« E 10, E 40, E 41 und E 50, bis heute – und vermutlich auch in Zukunft, denn der Nachholbedarf dieser Jahre wird nie wieder eintreten – das größte Ellok-Bauprogramm der deutschen Eisenbahngeschichte: bis zum August 1973, als nach 17 Jahren die 140 879 als letzte ihrer Gattung abgeliefert wurde, hatte die Deutsche Bundesbahn 1938 Lokomotiven dieser vier Bauarten übernommen, die sämtliche Traktionsleistungen auf den neu elektrifizierten Strecken abdecken konnten. Die Vorkriegsmaschinen blieben, von vereinzelten Ausnahmen (E 04, E 19) abgesehen, auf ihren angestammten Strecken im süddeutschen Raum. Die Bezeichnung »Einheitslokomotiven« kommt übrigens daher, daß möglichst viele Teile aller vier Bauarten identisch und damit kostensparend hergestellt wurden; in der Tat sind ja E 10 und E 40 bis auf Getriebeübersetzung und Bremsausrüstung gleich.

Erste, massive Einbrüche der Dieseltraktion in die Domänen des Dampfes erfolgten ab 1956 mit der erwähnten Lieferung der Serien-V 200 für den hochwertigen Fernschnell- (F) und Schnellzugsdienst (D). Von 1955 an rückten nicht weniger als 941 dreiachsige Stangenloks V 60 in die größeren Personenbahnhöfe und Rangierbahnhöfe ein, wo sie die meist noch aus Länderbahnzeiten stammenden Dampfloks arbeitslos machten, mit Ausnahme der Reihe 94, die erst ab 1964 der stärkeren V 90 weichen mußte. Ab 1958 wurden die ersten Prototypen der leichten Streckendiesellok V 100 – wahlweise mit 1100 oder 1350 PS Leistung – ausgeliefert, die sich auf Haupt- und Nebenbahnen hervorragend bewährten und bis 1965 in einer Gesamtzahl von 745 Stück aufgelegt wurden. 1964 schließlich erschien die erste Serienmaschine der 1900 PS starken V 160, von der schließlich 214 Stück gebaut wurden, ein Jahr vorher kamen noch 50 schwere Schnellzugloks der verstärkten Bauart V 200[1] für den Einsatz auf der Allgäustrecke München – Lindau und der neuerbauten Vogelfluglinie Hamburg – Puttgarden dazu. Die V 100, mehr noch die V 160 mit ihren späteren Abkömmlingen, den neuen Reihen 215, 217 und 218, die nicht mehr Gegenstand unserer Betrachtung sind, konnten aufgrund ihrer Leistungscharakteristiken die Aufgaben der weit verbreiteten Dampfloks der Reihen 38, 50 und 78 abdecken, bei der V 100 auch noch diejenigen der 64er und 86er, so daß diese beiden Grundtypen eigentlich die Verdieselung der deutschen Eisenbahnen vollzogen haben. Tausende von Dampfloks der genannten Baureihen wurden durch V 100 und V 160 ersetzt.

Relativ wenig Neuentwicklungen gab es dagegen bei den Triebwagen, denn bei den elektrischen Fahrzeugen waren noch viele recht moderne Vorkriegsfahrzeuge vorhanden, die zudem meist in den frühen sechziger Jahren noch grundlegend modernisiert werden konnten (ET 25, 32, 55 und 65), so daß der ET 30 mit 24 Zügen für den Ruhrschnellverkehr ab 1957 der einzige nennenswerte Neubautyp blieb. Wesentlich größer noch war der Bestand an Dieseltriebwagen aus der Reichsbahnzeit, so daß man erst 1964 den Neubautyp VT 24 schuf, als die alten VT 25, 32, 33, 36 und 60 ausmusterungsreif wurden. Dagegen wurde der Bau von Schienenbussen, Anfang der fünfziger Jahre von Uerdingen zur Serienreife entwickelt, mit großer Vehemenz betrieben, um den unwirtschaftlichen Dampfbetrieb kleiner Nebenbahnen zu ersetzen: nicht weniger als 584 einmotorige (Gattung VT 95, 1952–58) und 340 zweimotorige (VT 98, 1953–62) Schienenbusse brachten die Lokalbahnloks vollständig zum Verschwinden.

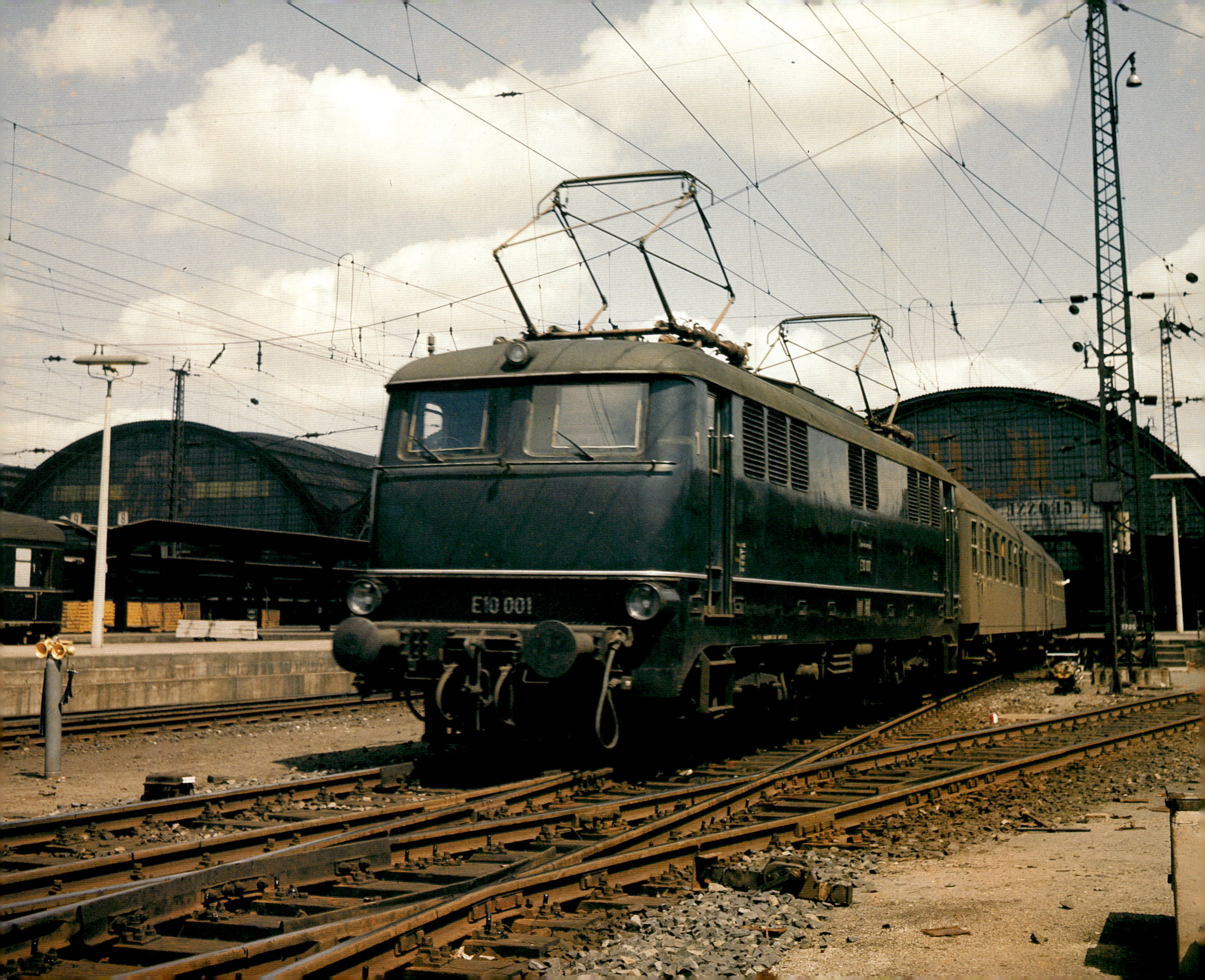
E10 001

Links:
Mit der E 10 001, der ersten von fünf ursprünglich als Universalmaschinen gedachten Prototypen, begann bei der DB im Sommer 1952 das Zeitalter moderner, schnellfahrender Elektroloks ohne Laufachsen. Nachdem die Spessartbahn Würzburg – Frankfurt ab Januar 1958 durchgehend elektrisch befahren werden konnte, erhielten die im Bw Nürnberg Hbf beheimateten Einzelstücke einen enormen Aktionsradius und kamen in ihrer Blütezeit in den Jahren 1958 bis 60 auf Laufleistungen von rund 950 km/Tag!
Um 1958 verläßt die von Krauss-Maffei und der AEG erbaute Ellok den Frankfurter Hauptbahnhof Richtung Heimat; links ein Vorkriegs-Schürzenwagen der Gruppe 39 im Anstrich des »blauen F-Zug-Netzes«.

Rechts:
Ein klassisches Bild modernen Eisenbahnbetriebes um 1958: im Würzburger Hauptbahnhof wartet die 1953 gelieferte Prototyplok E 10 004 mit einem Schnellzug von Frankfurt auf die Weiterfahrt nach Nürnberg, während sie vom schnelleren Fernschnellzug 138 »Rheinblitz« Dortmund – München überholt wird. Der Triebzug gehört der Reihe VT 06 an, von dem vierzehn Einheiten – damals als Bauart »Köln« bezeichnet – in den Jahren 1937 bis 39 von der Reichsbahn beschafft worden waren. Neun Züge kamen zur Bundesbahn und liefen bis zum Sommer 1959.

Links:
Sonderzüge anläßlich von Streckenelektrifizierungen wurden natürlich gerne mit den neuesten Fahrzeugen geführt, um bei den Zaungästen den besten Eindruck zu hinterlassen. Am 20. März 1967 steht E 03 003, eine der 1965 erbauten 200-km/h-Schnellfahrloks, vor dem Eröffnungszug des elektrischen Betriebes nach Gießen – Kassel in Frankfurt Hbf abfahrbereit.

Rechts:
Mit der grünen E 41 149 wurde 1961 die tausendste elektrische Lokomotive der DB gefeiert. Fast genau die Hälfte davon – nämlich 496 Stück – waren Maschinen der Vorkriegsbauarten, die anderen entstammten schon dem erst seit fünf Jahren laufenden Neubauprogramm.

E 41 149
1000. Ellok der DB

Für den schweren Güterzugdienst auf der Strecke Würzburg – Frankfurt, die 1957/58 dem elektrischen Betrieb übergeben worden war, waren die seit Januar 1957 abgelieferten sechsachsigen E 50 unentbehrlich. Die E 50 035 führt um 1963 einen Kohlenzug zwischen Heigenbrücken und Lohr.

Ebenfalls auf der Spessartstrecke, kurz nach Verlassen des Scheiteltunnels und Durchfahren der Station Heigenbrücken, wurde die E 94 141 mit ihrem »Gag« (Ganzzug = Blockzug aus gleichen Wagen) auf dem Weg nach Würzburg um 1962 aufgenommen. Bei der Lok handelt es sich um ein besonderes Stück, nämlich eine der beiden E 94 mit BBC-Hochspannungssteuerung, die 1952 als Nachbau des erstmals 1940 gelieferten Typs erschien.

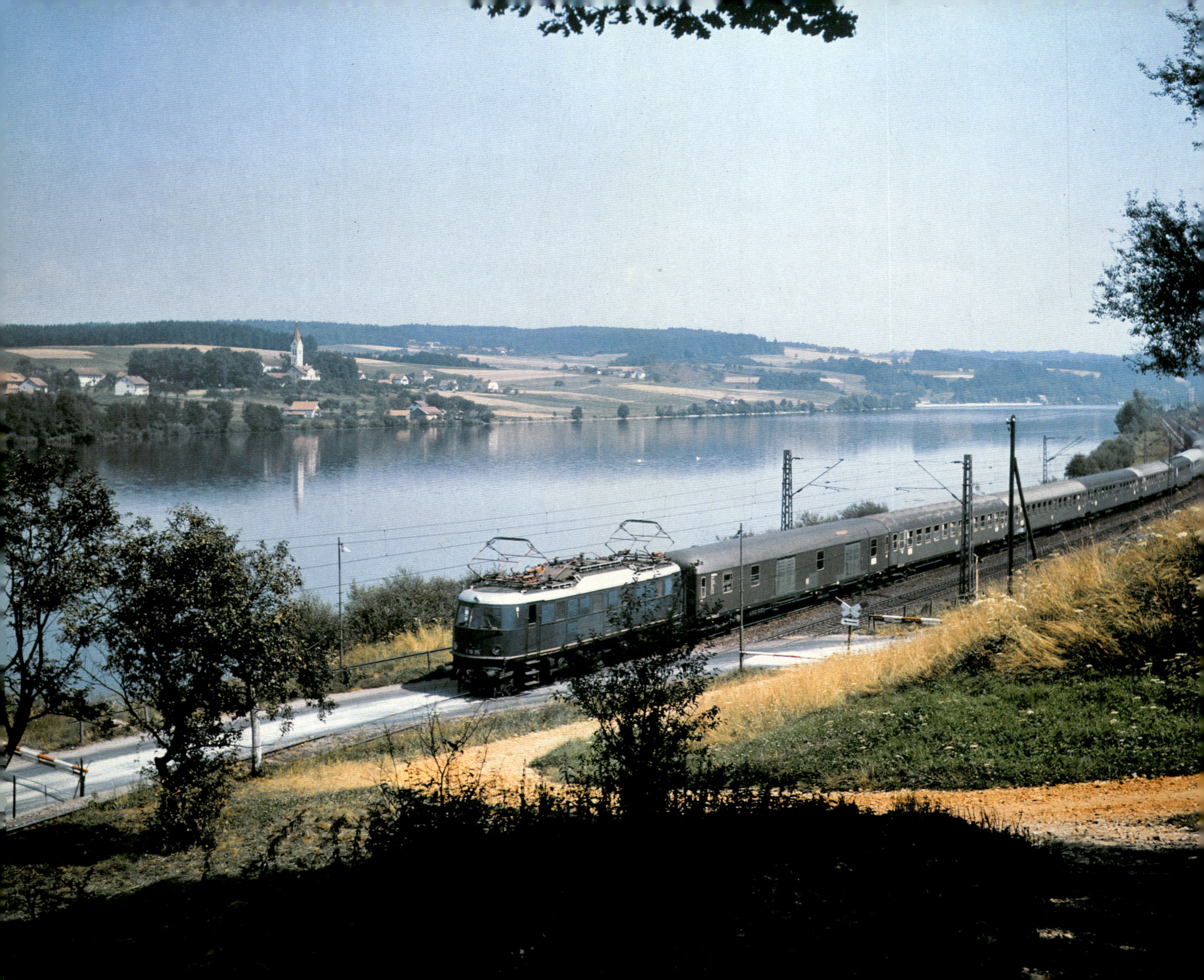

Links:
In den Jahren, als die Fernstreckenelektrifizierung der DB rasche Fortschritte machte, kamen die erst rund 20 Jahre alten, 4000 PS starken und 150 km/h schnellen E 18 zu neuen Ehren, als sie ein Jahrzehnt lang – von 1958 bis 1970 – schwere Schnellzüge durchgehend von Nürnberg nach Frankfurt befördern durften. Auf der Rückfahrt nach Nürnberg donnert E 18 25 am spiegelglatten Mainfluß entlang über die Strecke zwischen Gemünden und Würzburg.

Rechts:
Vor dem Hintergrund des weltbekannten Doms warten zwei V 200 im Kölner Hauptbahnhof um 1960 mit ihren Zügen auf die Ausfahrt.

Links:
Geradezu unschätzbaren Wert besaß die berühmte V 200 der DB neben der betrieblichen Bewährung auch durch ihre Werbewirksamkeit – jedes Kind kannte die Lokomotive. Nicht zuletzt verdankte man dies den zahllosen Vorführungsfahrten im In- und Ausland. Die abgebildete V 200 005, 1953 von Krauss-Maffei in München geliefert, absolvierte dabei die längste Tour »in einem Stück«; sie gelangte im Frühjahr 1955 bis in die Türkei, wobei auch in den durchfahrenen Balkanländern etliche Probefahrten unternommen wurden.

Rechts:
Eine verstärkte Version der V 200, statt vier mit sechs Achsen und 2850 statt 2200 PS, wurde von Krauss-Maffei 1957 in vier Exemplaren geliefert. Drei davon waren von Jugoslawien bestellt worden – eine Folge der Vorführfahrten mit der V 200 005 zwei Jahre vorher –, die vierte wurde umfangreichen Tests in Deutschland und Österreich unterzogen und schließlich als V 300 001 von der DB übernommen. Im Jahre 1958 steht die imposante Maschine noch im ursprünglichen Farbkleid als KM-Privatlok auf einer Ausstellung in Frankfurt. 1975 aus dem Einsatz gezogen konnte der geplante Verkauf nach Italien nicht realisiert werden und die Lok endete 1979 im oberbayerischen Penzberg unter dem Schneidbrenner.

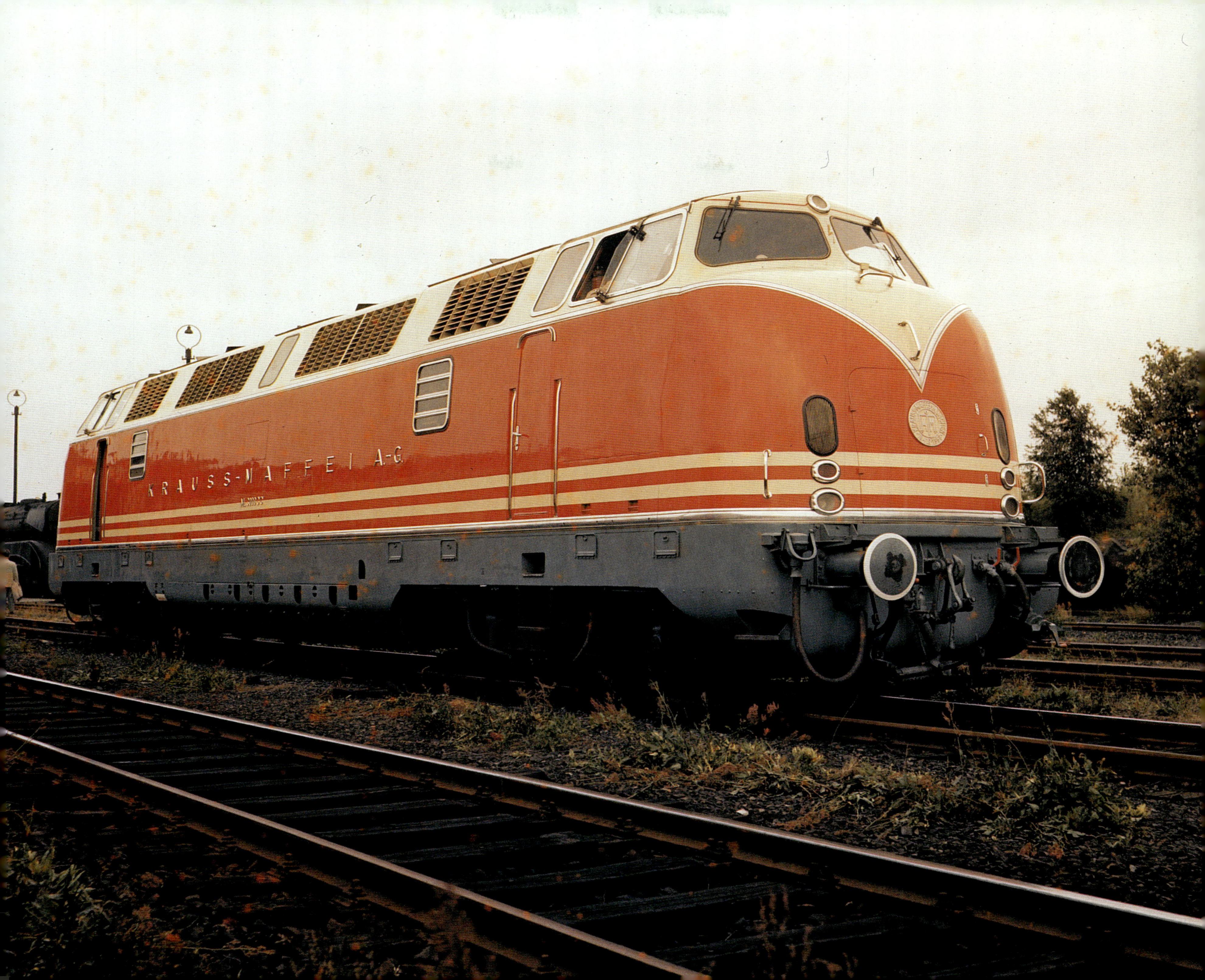
KRAUSS-MAFFEI A-G

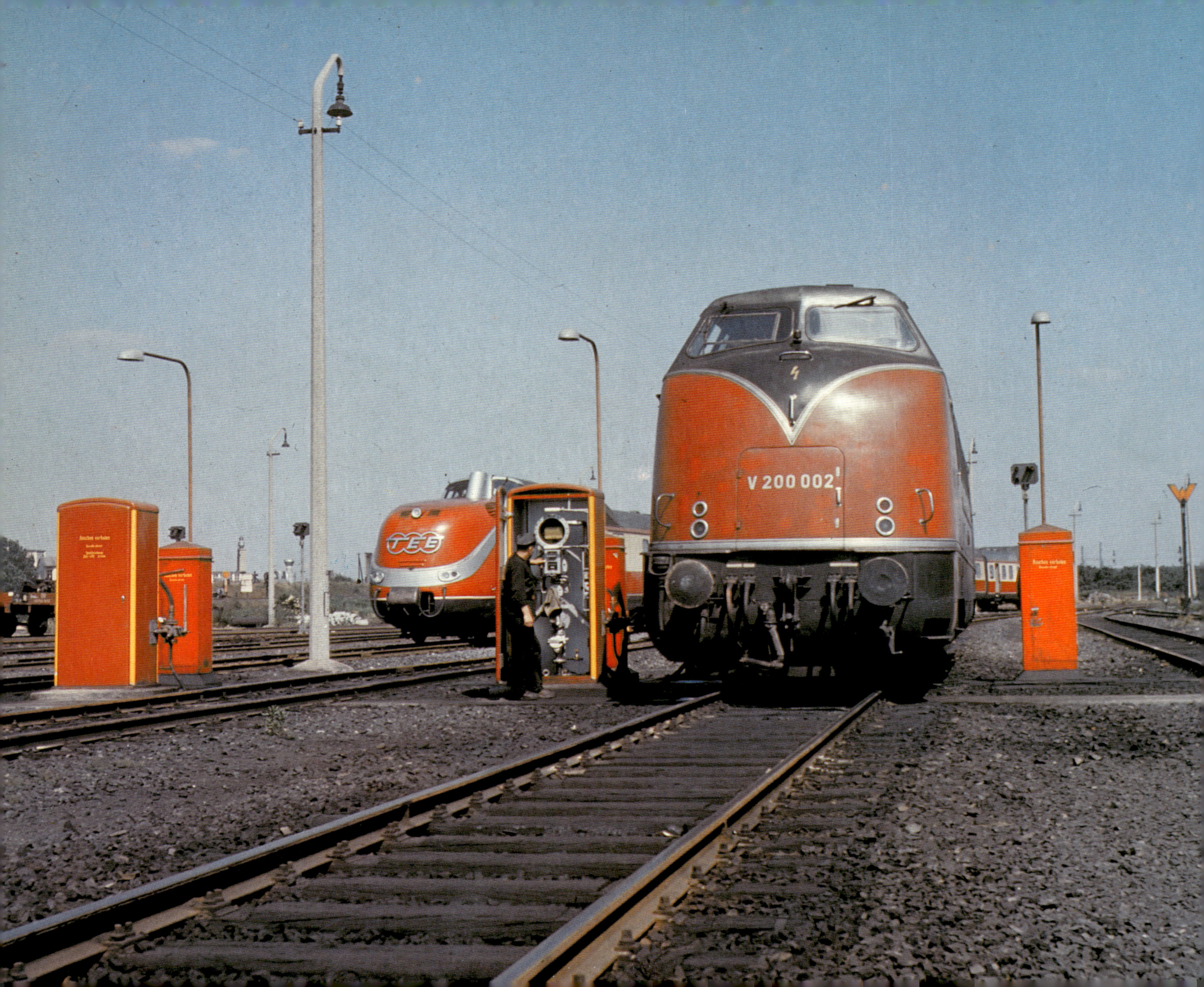
TEE
V 200 002

Das Bahnbetriebswerk Frankfurt-Griesheim, in dem die Aufnahmen dieser Doppelseite 1958 aufgenommen wurden, war als reines Diesel-Betriebswerk eines der ersten seiner Art bei der DB. An den Tankstellen treffen sich ein TEE-Triebzug VT 11[5] und die Prototyplok V 200 002, die heutige DB-Museumslokomotive, links eine der ab 1956 gekauften 81 Serienmaschinen. Mit zunehmender Elektrifizierung ab Mitte der sechziger Jahre aus den hochwertigen Diensten vertrieben, mußten sie sich ihr Brot immer mehr vor Eil- und Personenzügen verdienen. Im Mai 1984 stellte die Bundesbahn ihre letzten V 200 ab.

Nicht nur große Hauptbahn-Dieselloks, auch kleine Nebenbahntriebwagen rationalisierten den Betrieb vieler Strecken. Der Uerdinger Schienenbus VT 95 mit 150 PS Leistung ist wohl eines der populärsten Fahrzeuge, was in diversen Spitznamen zum Ausdruck kommt; auch die Nebenbahn von Bullay nach Traben-Trarbach, wo um 1961 unser Bild entstand, konnte er bis heute vor dem Absterben bewahren. Heute laufen allerdings zweimotorige VT 98, denn die letzten einmotorigen Wagen – kenntlich an der automatischen Scharfenberg-Kupplung und den leichten Stoßbügeln – verschwanden schon 1980. Interessant das wegen des zu starken Lichteinfalls weiß gestrichene, ursprünglich durchsichtig verglaste Oberlicht, das später noch mit Blech verkleidet wurde.

Und hier eines der herrlichen Stimmungsbilder von Reinhold Palm, die so viel Leben ausstrahlen: Eine fröhliche Schulklasse freut sich auf die Fahrt mit dem VT 95 an der Mosel entlang.

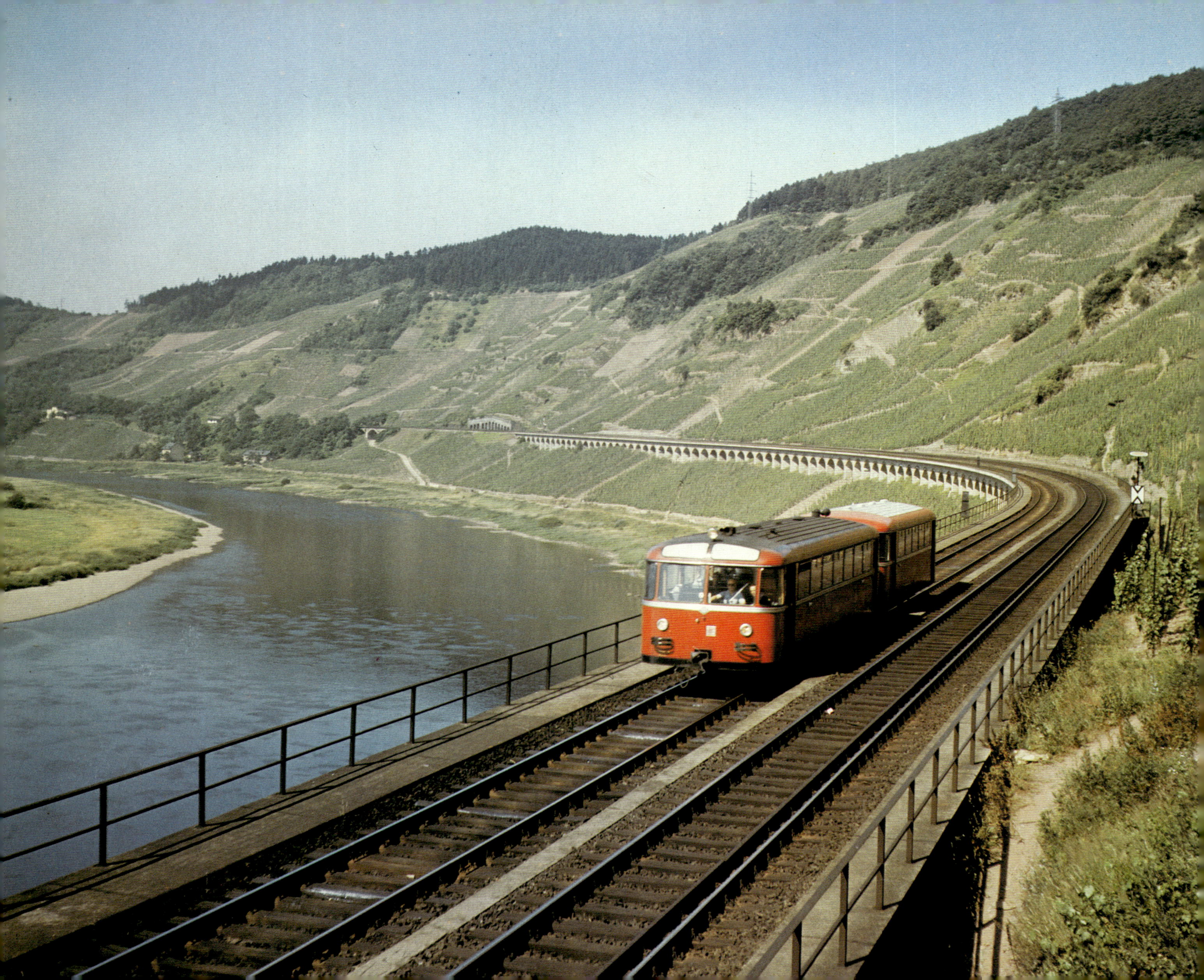

Links:
Und noch einmal eine Garnitur aus dem einmotorigen Schienenbus VT 95 mit dem dazugehörigen, etwas kürzeren Beiwagen VB 142, der auf der Moselbahn Trier – Koblenz in flotter Fahrt über den bekannten Hangviadukt bei Pünderich brummt.

Rechts:
Bald schon genügte der spartanische Komfort des Schienenbusses aus der »Aufbauzeit« nicht mehr. Ab 1964 wurden – nach der Ablieferung zweier Probeserien – vierzig dreiteilige Triebzüge der Bauart VT 24 für den Nah- und Bezirksverkehr als Ersatz älterer Vorkriegsfahrzeuge ausgeliefert.

Nochmals einer der gefälligen Dieseltriebzüge: 624 628 steht anläßlich einer Pressefahrt im 1969 eröffneten, neuen Durchgangsbahnhof Ludwigshafen Hauptbahnhof, der den alten Kopfbahnhof ersetzte.

Dieselbe Design-Epoche, die frühen sechziger Jahre, repräsentiert der gleichfalls 1964 in fünf Exemplaren erbaute Elektro-Triebzug ET 27, der einmal als Einheitstriebwagen für die geplanten S-Bahn-Netze gedacht war. Bekanntlich fiel diese Aufgabe dem neu entwickelten, ab 1969 erprobten Triebzug Reihe 420/421 zu; die fünf ET 27 wurden im Stuttgarter Raum abgefahren und 1985 abgestellt. Pläne für einen Verkauf der an und für sich noch gut erhaltenen Fahrzeuge zerschlugen sich. ET 27 005 war den Sommer 1965 über auf der Internationalen Verkehrsausstellung (IVA) in München zur Schau gestellt; rechts die neue Gasturbinenlok V 169 001 und über den Köpfen der Fußgänger auf der Brücke ist der Fahrbalken für die »Monorail«, die Einschienenbahn für den internen Messeverkehr, zu sehen.

Links:
An Speichertriebwagen, also Batteriewagen für elektrisches Fahren ohne Oberleitung, beschaffte die DB in den fünfziger Jahren zwei Neubautypen als Ablösung und Ergänzung der überalterten, noch aus preußischen Länderbahnzeiten stammenden Wittfeld-Motorwagen der Gattungen ETA 177–180. Eines der acht »U-Boote«, wie die Wagen der 1952 gebauten Reihe ETA 176 gerne genannt wurden, passiert auf der rechten Rheinstrecke um 1960 den Bahnhof Kaub.

Rechts:
Von der zweiten Bauart der Akkumulatorenwagen, den ETA 150, wurden dagegen 230 Serienfahrzeuge beschafft. Trotzdem ist die Zeit der heute als Reihe 515 bezeichneten Triebwagen abgelaufen, werden 1990 die letzten Exemplare auf das Abstellgleis rollen. Der schon nach dem neuen, ab 1.1.1968 gültigen Nummernschema umgezeichnete 515 122 befährt um 1968 die Lahntalstrecke.

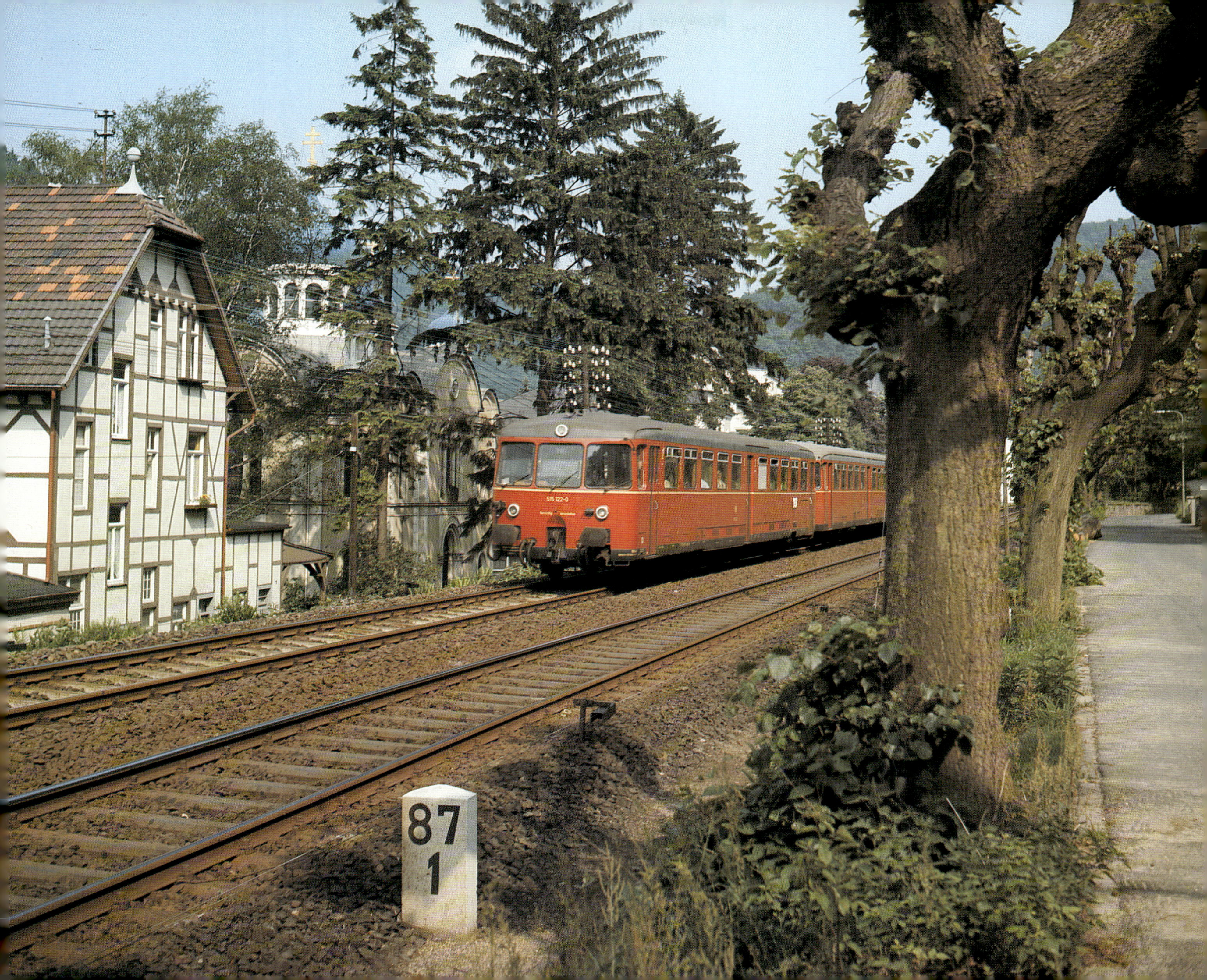
515 122-0
87
1

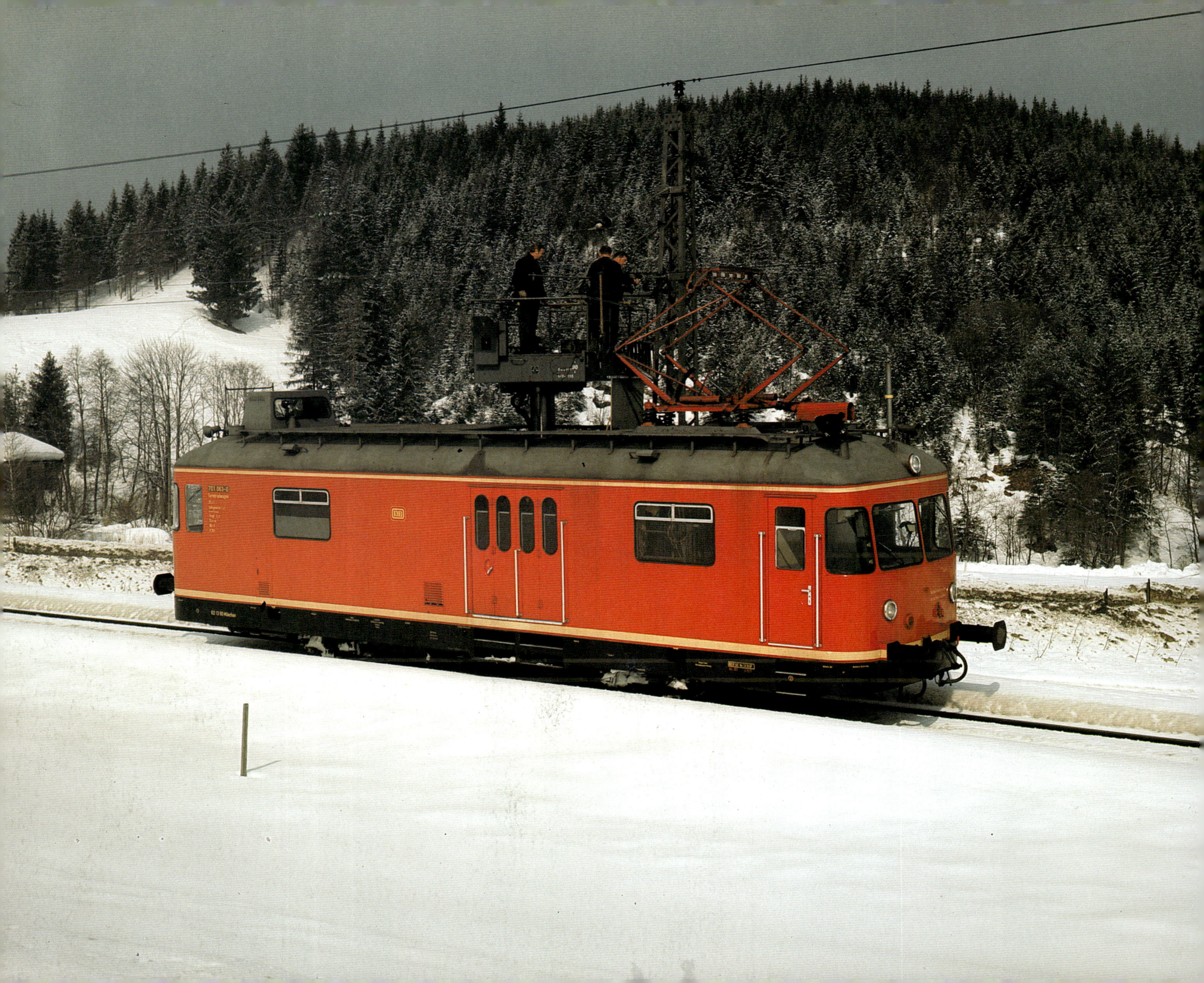
701 063-0
DB

Links:
Vom Reisenden wird er meist übersehen, für den Betriebsdienst ist er dafür um so wichtiger: der »Turmtriebwagen« der Reihe VT 55^9 (interne Bezeichnung), der mit einer verstellbaren Hubbühne für Arbeiten an der Fahrleitung ausgerüstet ist und technisch auf der Basis des Schienenbusses als Dieseltriebwagen aufbaut, um wirtschaftliche Fertigung und Instandhaltung zu gewährleisten. Schon mit neuer Nummer 701 063 ist einer um 1969 auf der Karwendelbahn mit Fahrleitungsarbeiten beschäftigt.

Rechts:
Hier ist dem Fotografen ein rares Stück vor die Kamera gefahren: Bereits 1927 beschaffte die damalige Deutsche Reichsbahn für das gerade entstehende süddeutsche elektrische Netz um München drei vierachsige Akkumulatortriebwagen für Fahrleitungsarbeiten, deren Batterien nicht wie bei den ETA 150 und 176 über schwere Kabelstecker, sondern mit Bügel aus der Wechselstrom-Oberleitung über Gleichrichter aufgeladen wurden, so daß die Wagen nicht an feste Ladestationen gebunden waren. Als Bahndienstwagen waren sie keiner Baureihe zugeordnet, sondern besaßen lediglich eine Nummer im 6000er-Bereich.
An einem sonnigen Frühlingstag um 1962 erwischte Reinhold Palm einen der drei Wagen auf der Hauptbahn München – Salzburg bei Bergen/Oberbayern ostwärts fahrend. Die Blechträgerbrücke der Salzburger Autobahn bildet den markanten Hintergrund. Der letzte der drei Oberleitungs-Revisionstriebwagen wurde in das neue Nummernschema der Bundesbahn ab 1968 noch mit der Nummer 703 001 eingeordnet, bereits 1969 aber abgestellt und verschrottet.

Abenddämmerung

Zu den schönsten, ja poetischsten Bildern von Reinhold Palm zählen seine Stimmungsaufnahmen von der Eisenbahn im sinkenden Tageslicht. Das linke Foto zeigt das Gleisvorfeld des Frankfurter Hauptbahnhofes, seines liebsten »Jagdrevieres«, aufgenommen vom Hallendach aus.
Rechts eine wunderbare Winterabendstimmung im Bahnhof Bergen an der Strecke Rosenheim – Salzburg. Die Stille des klirrend kalten, späten Nachmittages wird kurz von einem Schnellzug mit einer Freilassinger E 18 unterbrochen, der in wenigen Minuten seinen nächsten Halt in Traunstein erreicht haben wird.

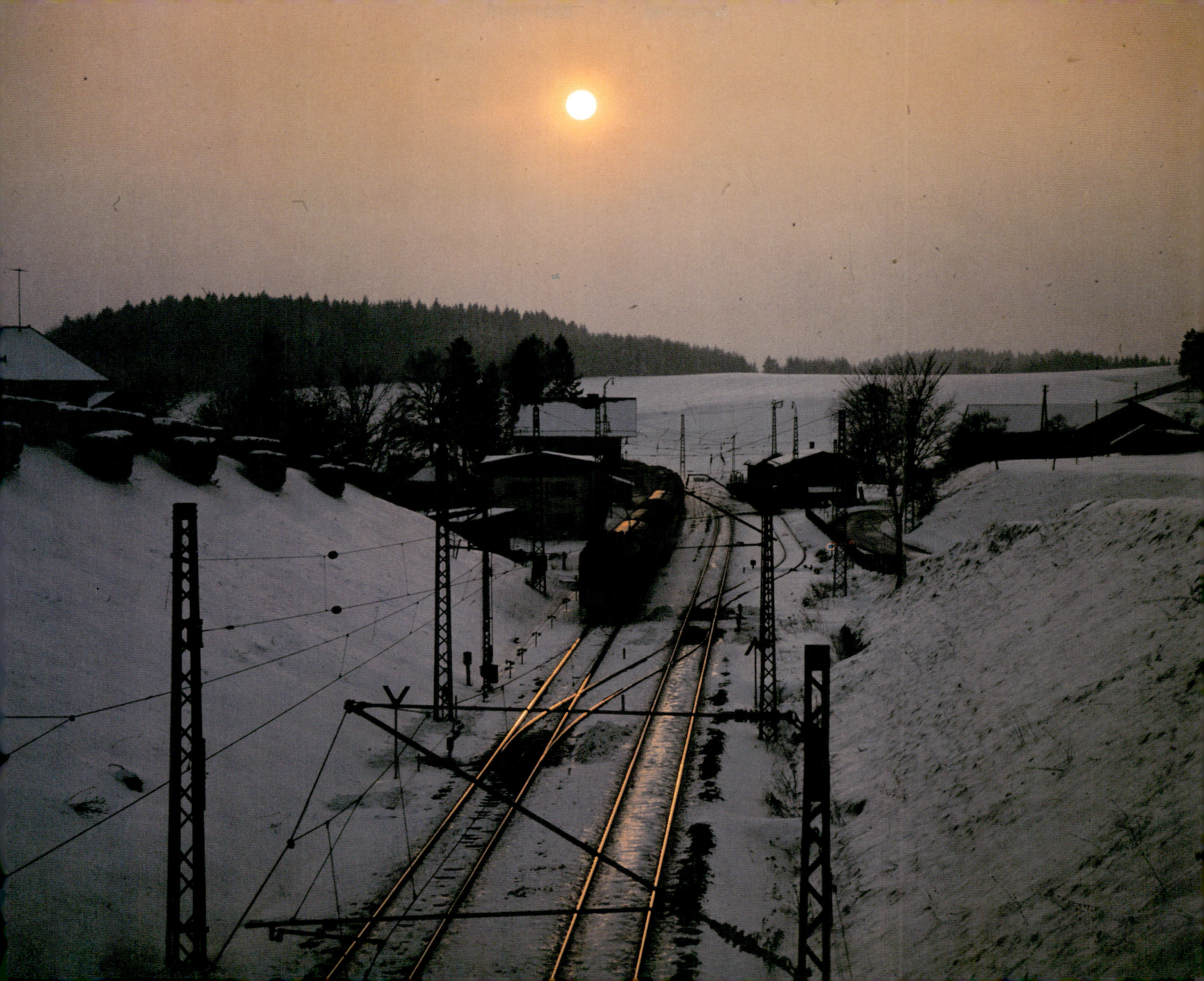

Schnelltriebwagen als exklusive Züge für den Spitzenverkehr

Sie waren vielleicht das schönste Kapitel der Bundesbahn in den fünfziger Jahren: die schnellen Elektro- und Dieseltriebwagen im Einsatz auf höchstrangigen nationalen und internationalen Verbindungen.

Der Fahrgast und Eisenbahnfreund von heute, der mit einem aus zehn oder mehr Wagen bestehenden Intercity mit 200 Stundenkilometern durch die Gegend befördert wird, wird sich über die damalige Bevorzugung dieser Fahrzeugbauart wundern. Daher in Kürze einige Erläuterungen.

Gründe für die Bevorzugung des Triebwagens gegenüber lokbespannten Zügen

- Hohe Tempi – schon die Vorkriegs-Triebwagen liefen planmäßig 160 km/h, bei Versuchsfahrten noch wesentlich mehr – bedingten ein möglichst geringes Fahrzeuggewicht, um beim damaligen Stand der Technik mit den vorhandenen Dieselmotoren relativ geringer Leistung (410 PS, später 600 PS) auszukommen. Als das Schnellverkehrsnetz der DB aufgebaut wurde, existierten ja praktisch nur Vorkriegsfahrzeuge.

- Die mit den SVT gefahrenen Leistungen wurden in Einzelfällen zwar auch von lokbespannten Zügen erreicht. Im Verhältnis zur Fahrgastzahl war die aufgewandte Mehrleistung gegenüber dem Triebwagen jedoch enorm, wenn man sich beispielsweise vor Au-

Links und rechts:
Zum Konzept der besten Fernzüge gehörten – wie heute beim Intercity – die DB-Hostessen, die den Fahrgast schon beim Einsteigen unter ihre Fittiche nahmen. Das rechte Bild entstand in Koblenz und zeigt den VT 11 5002 im Plan des TEE »Rhein-Main« Frankfurt – Amsterdam.

gen führt, daß die bis 1958 im leichten Fernschnelldienst verwendete Dampflok 05 für die Beförderung dreier Schnellzugwagen rund 2400 PS aufwenden mußte, wogegen der VT 06 bei annähernd gleicher Platzkapazität mit der halben Leistung (2 x 600 PS) auskam. Triebwagen waren also wesentlich wirtschaftlicher.

– Schließlich der soziologische Faktor: in einer weitgehenden Arbeits- und Aufbaugesellschaft wurde wenig gereist, und wenn, dann möglichst dritter Klasse und in zuschlagfreien Zügen! Die FD- und F-Züge blieben also dem höheren Geschäftsreise- und dem bestsituierten Privatpublikum vorbehalten, zusammen eine sehr kleine Zahl, die das Fassungsvermögen eines Schnelltriebwagens nicht über Gebühr strapazierte. Die TEE-Züge von 1957 waren schon für größere Fahrgastzahlen ausgelegt, waren auch keine »echten« Triebwagen mehr – die Trennung in Maschinen- und Fahrgastwagen war hier bereits vollzogen –, bekamen jedoch mit der im Gefolge des »Wirtschaftswunders« rasant wachsenden Zahl von Geschäfts- und Vergnügungsreisenden auch bald Probleme, die u. a. dazu führten, daß etwa der TEE 77/78 »Helvetia« häufig überlastet war und der Betrieb seine Ablösung durch einen Wagenzug regelrecht herbeisehnte.

Man kann sagen, daß die Umwandlung eines exklusiven, kleinen Stammes von Schnelltriebwagenverbindungen um 1955 zu den zweiklassigen, im Stundentakt praktisch alle wichtigen Städte der Bundesrepublik bedienenden Intercity-Zügen um 1980 zugleich ein Spiegelbild der geänderten soziologischen Verhältnisse in diesen 25 Jahren ist: Die heutige Hochlohn-, Freizeit- und Mobilgesellschaft will von Jugend an die Vorteile rascher und komfortabler Beförderung genießen.

Wagentypen und Einsätze

Wenden wir uns nun den Fahrzeugen und den gefahrenen Zügen selbst zu. Die Schnelltriebwagen-Ära ging um 1952 richtig los, als die Erstserie der vierzehn neuen VT 08 ausgeliefert wurde und gleichzeitig die in den westlichen Besatzungszonen verbliebenen Vorkriegstriebwagen nach und nach wieder aufgearbeitet waren bzw. von den Besatzungsmächten zurückgegeben wurden, welche diese besten Züge des ehemaligen Feindes, grell nach eigenen Mustern bemalt, für Reisen ihrer Generale und Hochkommissare verwendeten. Im einzelnen handelte es sich um den Prototyp **VT 04 000** von 1932, fünf SVT Bauart »Hamburg« von 1935 (**VT 04** 101, 102, 106, 107, 501) und neun dreiteilige Züge der Bauart »Köln« (**VT 06** 103, 104, 106–110, 501–502) sowie die aus den Resten der Bauart »Berlin« neu aufgebauten **VT 07** 501 und 502, insgesamt 17 Triebzüge.

Der Einsatz der formschönen Reichsbahnwagen dauerte leider nicht einmal mehr ein Jahrzehnt: Nach rund 20

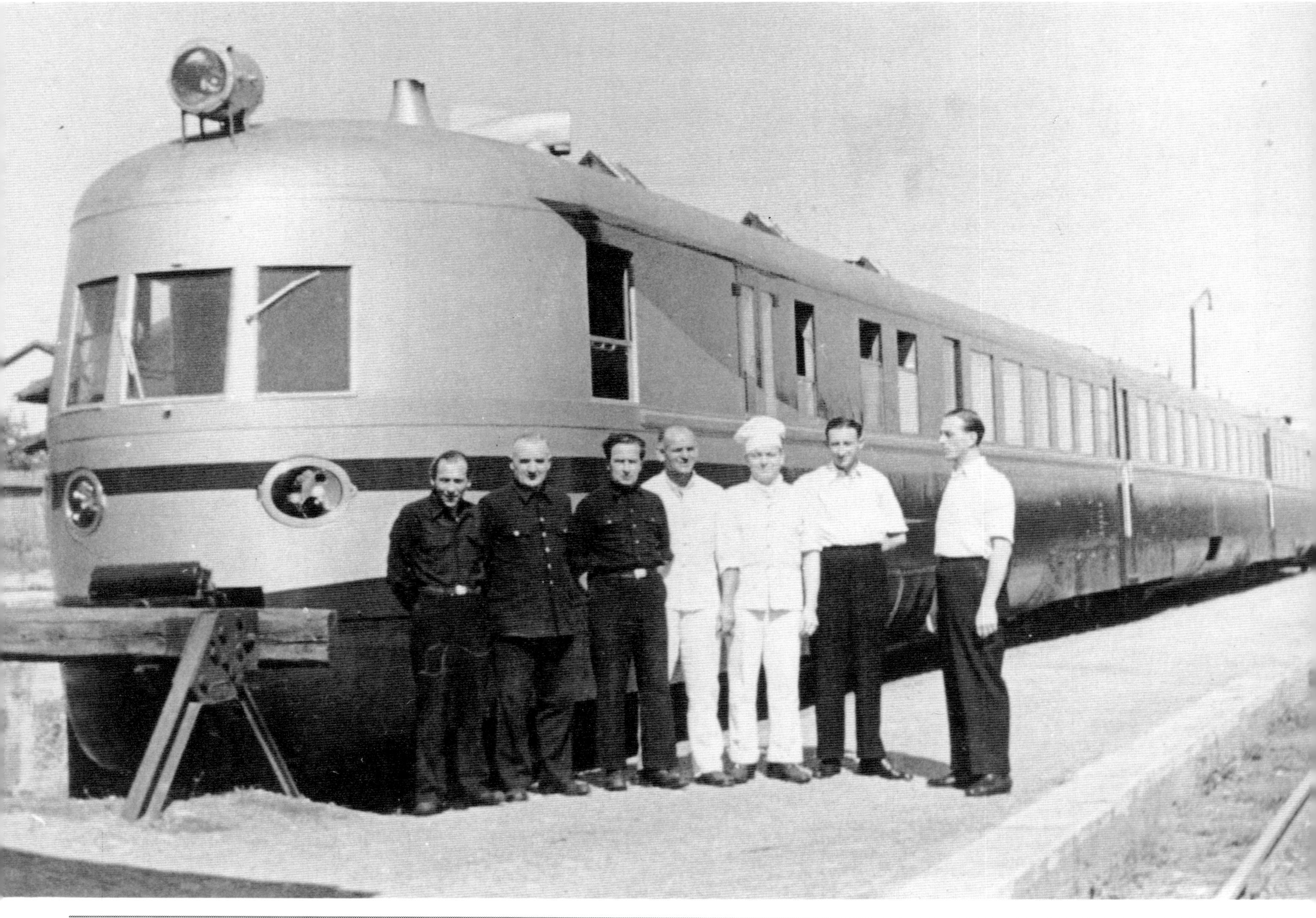

Links:
Eine Reminiszenz an die ersten Nachkriegsjahre, als die Reichsbahn-Schnelltriebwagen noch meist von den »Besatzern« requiriert waren, die den Zügen eine abenteuerliche Bemalung und heimatliche Attribute – wie das für amerikanische Loks typische »headlight« – verpaßten. Vor dem Triebzug der Bauart »Köln«, später VT 06, dessen Nummer nicht mehr feststellbar ist und der für die US-Generalität im Einsatz war, haben sich sämtliche Betreuer versammelt.

Jahren Betriebszeit, davon mehr als die Hälfte Kriegs- und Nachkriegsjahre mit entsprechend lässiger Pflege, waren sie immer weniger einem modernen Schnellverkehr gewachsen und erforderten hohe Wartungskosten. Zudem genügten die seinerzeit aus Kapazitätsgründen recht eng gehaltenen Abteilgrößen nicht mehr den gestiegenen Komfortansprüchen. Zum Sommer 1959 wurden die letzten Vorkriegs-SVT aus dem Betrieb gezogen, nur der blau lackierte VT 06 106, der nicht im zivilen Bahnverkehr verwendet wurde und der US-Army zur Verfügung stand, lief noch bis 1963. Die prominenteste Verbindung war lange Jahre die aus vier Triebzügen bestehende »Rheinblitz«-Gruppe, in deren Verlauf die Züge F 37/38 Dortmund – Nürnberg meist mit VT 07 und F 137/138 nach München mit VT 06 gefahren wurden.

Die drei Elektro-Schnelltriebwagen aus der Reichsbahnzeit, bei der DB als **ET 11** 01–03 bezeichnet, dienten in den ersten Jahren mangels längerer, elektrifizierter Strecken zunächst im Schnellzugsdienst München–Berchtesgaden und München – Villach. Erst ab Ende 1957, als Frankfurt elektrisch von Süden her über Stuttgart angefahren werden konnte, setzte man sie als »Münchner Kindl« zwischen München und Frankfurt ein. Bei den nur zweiteiligen Wagen waren die oben geschilderten Platzprobleme besonders groß, weshalb ihr Einsatz nicht lange währte: 1959 mußten sie den Dienst quittieren, kurz darauf erfolgte die Ausmusterung.

Die neuen **VT 08** fuhren ab 1952 die wichtigsten Fernschnelltriebwagenkurse wie »Münchner Kindl« München – Frankfurt, »Saphir« Dortmund – Oostende, »Schauinsland« Frankfurt – Basel, »Roland« Bremen – Basel und »Helvetia« Hamburg – Zürich. Der F 45/46 »Schauinsland« war mit einer durchschnittlichen Fahrgeschwindigkeit von 108 km/h einige Zeit der schnellste Zug der DB! Ab 1957 wurden die wegen ihrer kugeligen Fronten »Eierköpfe« genannten Triebwagen durch die neuen VT 11[5] und die Umwandlung einiger internationaler Verbindungen zu TEE-Zügen etwas zurückgedrängt, auch zog man die eleganten roten Züge wegen der fortschreitenden Elektrifizierung zunehmend aus dem Fernzugverkehr zurück, der im Jahre 1969 mit der Abgabe des letzten (Fern-) Schnellzugpaares Frankfurt – Paris beendet war. Bis 1971 baute man alle VT 08 zu Wagen für den Bezirks- und Regionalverkehr – Reihe VT 12[6], neu 613 – um, bis die letzten Einheiten 1985 ausgemustert wurden.

Eine kurzlebige, dafür um so interessantere Episode war der Einsatz der beiden Leichtmetall-Gliedertriebzüge **VT 10** 501 und **VT 10** 551. Sie wurden unter Beteiligung des Ingenieurs Franz Kruckenberg konstruiert, der in den dreißiger Jahren zwei ebenso technisch brillante wie betrieblich erfolglose Schnelltriebwagen gebaut hatte: den berühmten »Schienenzeppelin« mit Propellerantrieb von 1930 und den dreiteiligen SVT 137 155 von 1938, einen stromlinienförmigen Triebzug mit hochliegender Führerkanzel, der leider über Versuchsfahrten nicht hinauskam und nach Kriegsende in einem Ausbesserungswerk in der damaligen sowjetischen Besatzungszone verrostete, wohin man ihn nach der letzten Probefahrt 1939 mit anschließendem Schaden gebracht hatte.

Der »Tageszug« VT 10 501 bestand aus zwei Endwagen mit je einem angetriebenen Maschinendrehgestell und fünf Mittelwagen; die Übergänge zwischen den Wagen waren erstmals nicht mit Jakobs-Drehgestellen, sondern mit Einzelachs-Laufwerken nach Art der spanischen TALGO-Züge versehen.

Der im Eigentum der »Deutschen Schlaf- und Speisewagengesellschaft« (DSG) stehende »Nachtzug« VT 10 551 war ebenfalls siebenteilig und verfügte nur über Schlafwagenabteile, die bei Tag natürlich umgebaut werden konnten. Seine Laufwerke waren Drehgestelle der üblichen Jakobsbauart.

Beiden Fahrzeugen gemeinsam war die Fertigung des wagenbaulichen Teils in Aluminium-Leichtbauweise und die in Deutschland erstmalige Verwendung von Klimaanlagen. Die zu erwartenden geringen Betriebskosten, vor allem der Kraftstoffkosten infolge der Leichtbauweise, sah man von vornherein als wichtiger an als die ebenfalls zu erwartende geringere Lebensdauer gegenüber konventionell gefertigten Wagen wie dem VT 08, da es die DB für wichtig hielt, dem verwöhnten Fahrgast in kürzeren Zeitabständen als bisher neue, zeitgemäße – man ist versucht zu sagen modische – Züge anzubieten. Leider bewahrheitete sich bei beiden Gliedertriebzügen, was seit Jahrzehnten zum gesicherten Erfahrungsschatz jeder Bahnverwaltung auf der ganzen Welt zählt: daß extremer Leichtbau, noch dazu verbunden mit einer Fülle teils unerprobter Neuerungen, im rauhen Eisenbahnalltag für dauernde Störungen sorgt und »Murphy's Gesetz« in abgewandelter Form wahrmacht: was kaputtgehen kann, geht auch tatsächlich kaputt.

Im Frühsommer 1953 wurden beide Züge abgeliefert und sogleich auf der »Deutschen Verkehrsausstellung« in München 1953 den Sommer über gezeigt. Der 1954 begonnene, planmäßige Einsatz – beim Tageszug als F 41/42 »Senator« Frankfurt – Hamburg, beim Nachtzug als F 49/50 »Komet« Basel bzw. Zürich – Hamburg – endete bereits 1956 bzw. 1958 wieder, hauptsächlich wegen unzureichender Bewährung, wobei der Tageszug VT 10 501 wesentlich schlechter abschnitt. So wurden die Züge schon 1959 und 1960 ausgemustert, nachdem man sie zuletzt noch für Sonderfahrten herangezogen hatte; ihre Bilder zählen wegen der wenigen Einsätze zu den besonderen Raritäten.

Im Jahre 1954 hatten Vertreter mehrerer europäischer Eisenbahnverwaltungen die Verwirklichung eines neuen, internationalen Fernzugnetzes beschlossen: Frankreich, Italien, die Niederlande, die Schweiz und die Bundesrepublik Deutschland stellten ab 2. Juni 1957 »Trans-Europ-Expreßzüge« (TEE) in Dienst, wozu jede Verwaltung mit Ausnahme der Schweizer und Holländer, die sich auf ein gemeinsames Fahrzeug einigen konnten, einen eigenen Triebzug entwickelte. Als ganz besonderes Ereignis galt bei den TEE-Zügen die Grenzkontrolle, die zur Zeitersparnis erstmals im fahrenden Zug stattfand. Aus den hervorragend bewährten VT 08 in herkömmlicher, geschweißter Stahlbauweise entwickelte man zusammen mit entsprechenden Bauteilen der VT 10 den TEE-Triebzug **VT 11**[5]. Auch hier hatte der ursprünglich aus dem Luftschiffbau stammende Kruckenberg seinen jahrzehntelangen, reichen Erfahrungsschatz eingebracht, und nicht zufällig ähneln die Züge mit dem hochliegenden Führerstand dem SVT 137 155 von 1938, wenngleich die weiche italienische Welle das Äußere beeinflußte. Die überaus schwierige Synthese aus bewährter, solider stählerner Eisenbahntechnik und aus Innovation war hier so glücklich gelungen, daß die Triebzüge trotz hoher Laufleistungen genau 30 Jahre lang im Einsatz standen, für Schnelltriebwagen ein sehr hoher Wert.

Für die vier anfangs von der DB gefahrenen TEE-Züge

Höchstgeschwindigkeit 160 km/h

Links und rechts:
Mit dem »Fliegenden Hamburger«, dem SVT 877, begann im Jahre 1933 die Ära der deutschen Schnelltriebwagen im Regeldienst Berlin – Hamburg. 20 Jahre später befand sich derselbe Wagen – umgebaut und auf VT 04 000 umgezeichnet – erneut auf Jungfernfahrt: zum Fahrplanwechsel im Mai 1953 kam die Zugverbindung F 231/232 »Montan-Expreß« Frankfurt – Koblenz – Trier – Luxemburg neu auf, wofür zu Anfang des Monats eine Pressefahrt mit diesem Wagen und einem VT 08 unternommen wurde. Der Zug verließ Frankfurt planmäßig um 6.54 Uhr, erreichte den Sitz der Montanunion um 11.01 Uhr und verließ die Stadt Luxemburg um 19.22 Uhr wieder; Reinhold Palm hat die Szene mit dem luxemburgischen Bahnhofsvorsteher festgehalten. Das andere Bild zeigt den Führerstand des Triebwagenveteranen auf der Hinfahrt beim Halt in Trier; über den Stromanzeigern für die beiden Fahrmotoren – es handelt sich ja um einen diesel-elektrischen Wagen – liegt der graphische Fahrplan für den Streckenabschnitt Ehrang – Trier – Wasserbillig auf. Ausgemustert wurde der »Urahn« der deutschen Schnelltriebwagen im Jahre 1957; die Hälfte eines der beiden Doppelwagen – leider nicht der ganze Triebzug! – steht heute im Nürnberger Verkehrsmuseum.

»Rhein-Main« Amsterdam – Frankfurt, »Saphir« Oostende – Dortmund, »Helvetia« Hamburg – Zürich und »Paris-Ruhr« Paris – Dortmund – weitere kamen später hinzu – stellte man 19 Maschinenwagen (Triebköpfe) VT 11 5001–5019 sowie insgesamt 48 Zwischenwagen in Dienst, wobei die Regelgarnitur aus zwei Maschinen- und fünf Zwischenwagen bestand, was auch genau dem Verhältnis der beschafften Fahrzeuge entsprach – man war sich sicher, keine Reservemotorwagen zu brauchen. Die Wahl eigener Maschinenwagen, seit dem Bau des SVT »Berlin« von 1938 nicht mehr gebräuchlich, erklärte sich aus der hohen installierten Leistung (1100 + 300 PS) pro Kopf, zum anderen konnte man schadhafte Triebköpfe leicht austauschen; ein weiterer Hintergedanke war angesichts zunehmender Elektrifizierungen in allen Ländern die spätere Entwicklung elektrischer Motorwagen, was leider nie zustande kam. Einzig die Schweiz beschaffte später elektrische TEE-Triebzüge, jedoch gleich als Neubauten.

Die Unwirtschaftlichkeit eines Dieseltriebwagen-Langlaufes unter elektrischer Fahrleitung brachte zusammen mit den erwähnten Platzproblemen nach und nach den Ersatz aller TEE-Verbindungen durch lokbespannte Züge mit sich, beginnend in der Bundesrepublik mit dem »Helvetia« im Jahre 1965. Der letzte Einsatz einer VT 11-Garnitur im TEE-Dienst, die Verbindung München – Mailand als »Mediolanum«, endete im August 1972.

Die noch bestens erhaltenen, rein erstklassigen Züge wurden sodann in verschiedenen Intercity-Kursen verwendet, bis die Aufnahme der zweiten Klasse im IC-Netz dies unmöglich machte. So war ihr drittes und letztes Einsatzgebiet ab 1979/80 der Turnusverkehr für Reisebüros, bis am 10. April 1988 – einem verregneten Samstag – der »Alpen-See-Expreß« D 13110 Innsbruck-Dortmund zum letztenmal mit einer Doppelgarnitur VT 11.5, oder besser, 601 geführt wurde, worunter sie seit 1968 liefen. Mit diesem historischen Datum verschwanden die deutschen Diesel-Schnelltriebwagen nach 55 Jahren von den Schienen – 1933 hatte diese so ruhmreiche Epoche mit dem »Fliegenden Hamburger« SVT 877 a/b, dem nachmaligen VT 04 000, begonnen ...

Links:

Am 5. Juli 1954 lief der Tages-Gliedertriebzug VT 10 501 zum erstenmal im Plan des »Senator« Frankfurt – Hamburg, hier bei der Abfahrt zu früher Morgenstunde um 7.00 Uhr in Frankfurt Hbf. festgehalten. Bitte vergleichen Sie das Aussehen auf den Farbbildern im Buch vor und nach dem Umbau.

Rechts:

Der Nacht-Gliederzug VT 10 551, der im Eigentum der DSG stand, zeigte äußerlich eine ausgereiftere Linienführung und bewährte sich auch technisch besser. Die Aufnahme des nagelneuen Triebzuges entstand auf der »Deutschen Verkehrsausstellung« 1953 in München.

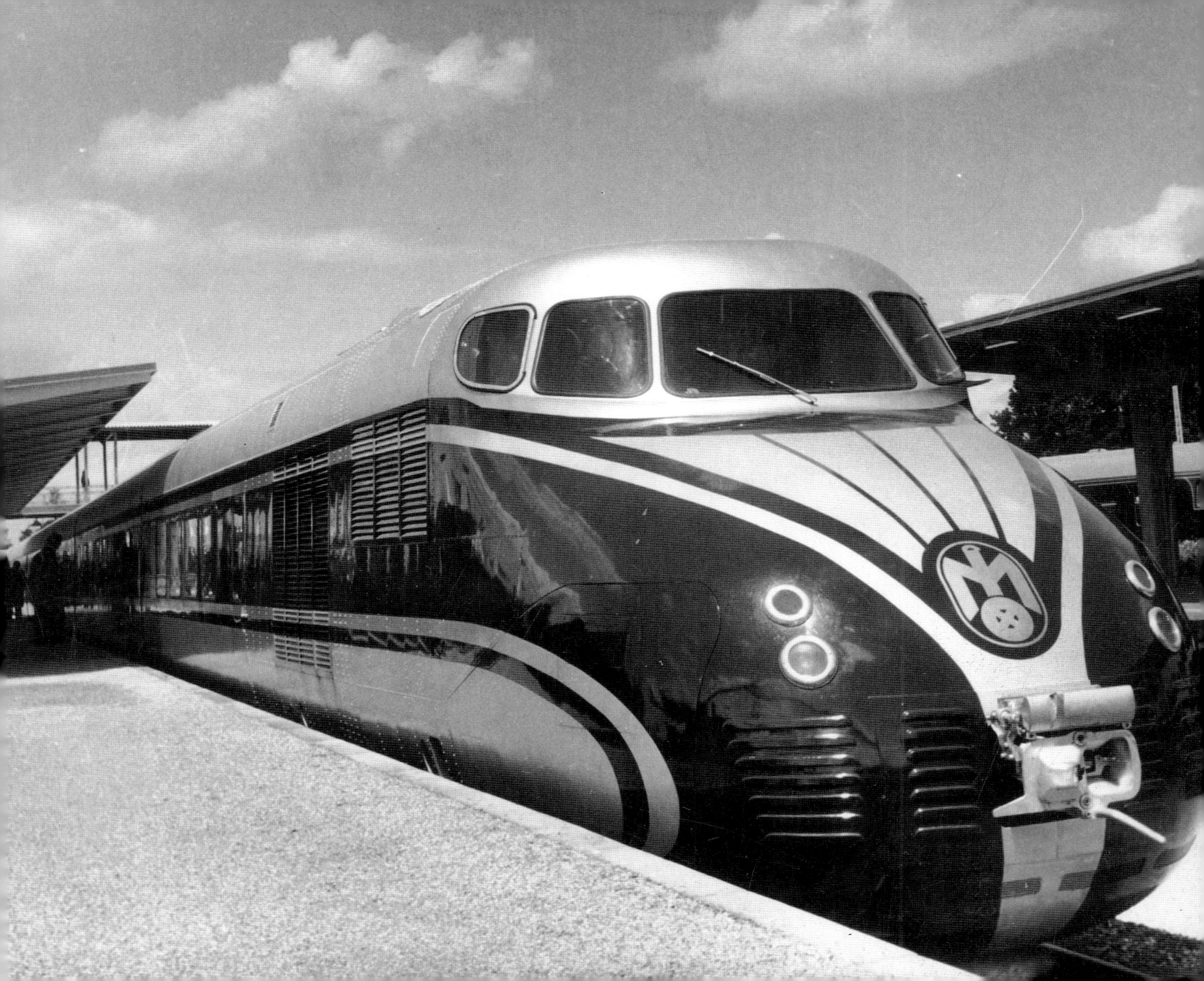

Während vor dem Krieg eine ganze Reihe von Diesel-Schnelltriebwagen gebaut worden waren, gab es dagegen nur drei Elektrofahrzeuge, da das elektrische Netz für entsprechend längere Durchläufe noch zu klein war. Als ET 11 01–03 übernahmen sie bei der DB zunächst Schnellzugsdienste bis Stuttgart, wobei sie zeitweise planmäßig über die Tauernbahn bis Villach in Kärnten kamen. Als der Fahrdraht Ende 1957 den Frankfurter Hauptbahnhof erreichte, wurde ihnen der Zuglauf »Münchner Kindl« zugewiesen, den sie aber nur zwei Jahre lang versahen. 1959 zog man sie aus dem Plandienst, 1961 kam die Ausmusterung und 1967 die Verschrottung für die ET 11 02 und 03, während ET 11 01 als Bahndienstfahrzeug 5015 Mü, zuletzt 723 001 überlebte und heute im DGEG-Museum Neustadt/Weinstraße erhalten ist.

Unsere beiden Bilder zeigen den ET 11 02 im Münchener Hauptbahnhof im Jahre 1958; noch ist die neue Bahnhofshalle nicht errichtet.

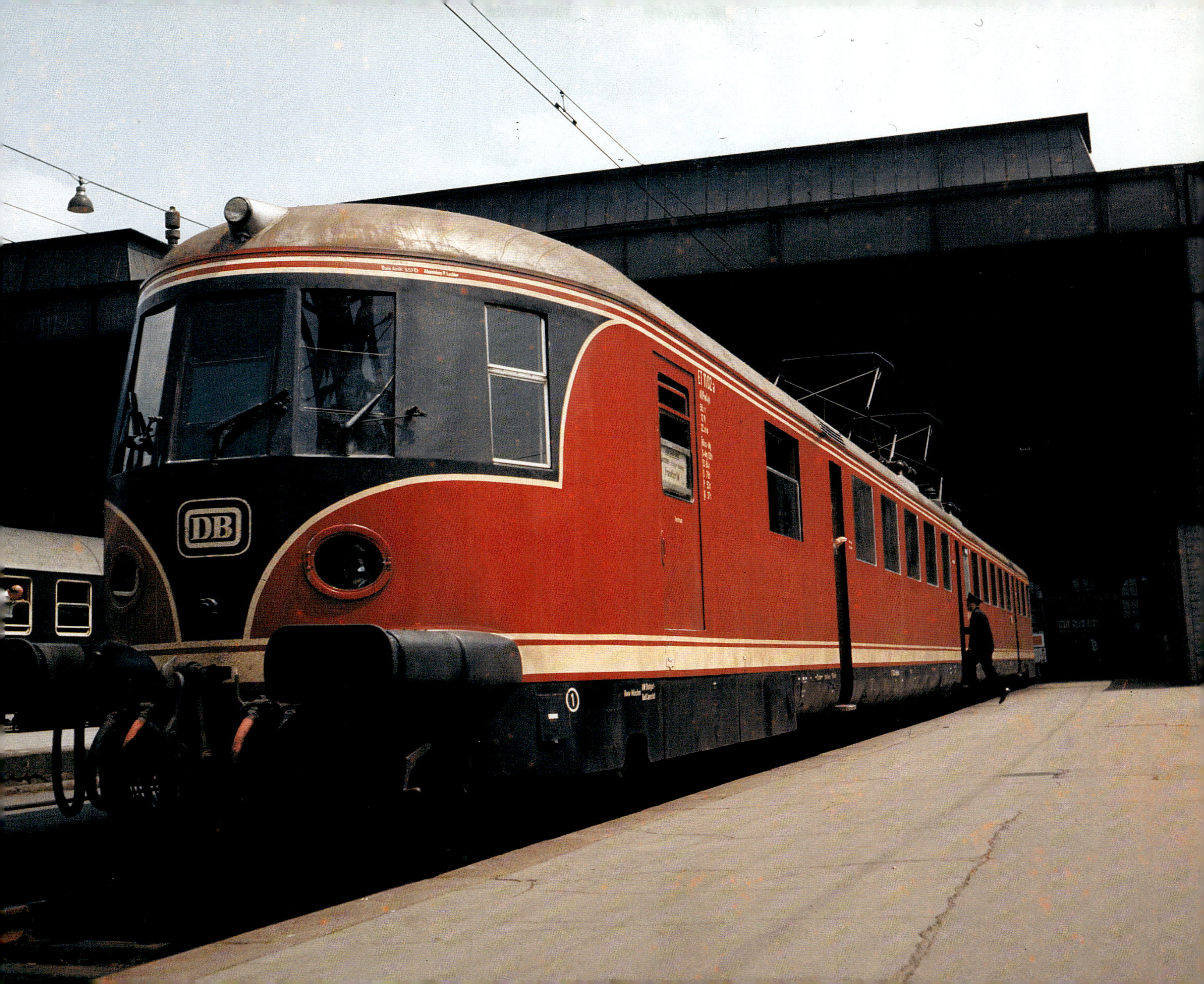
DB

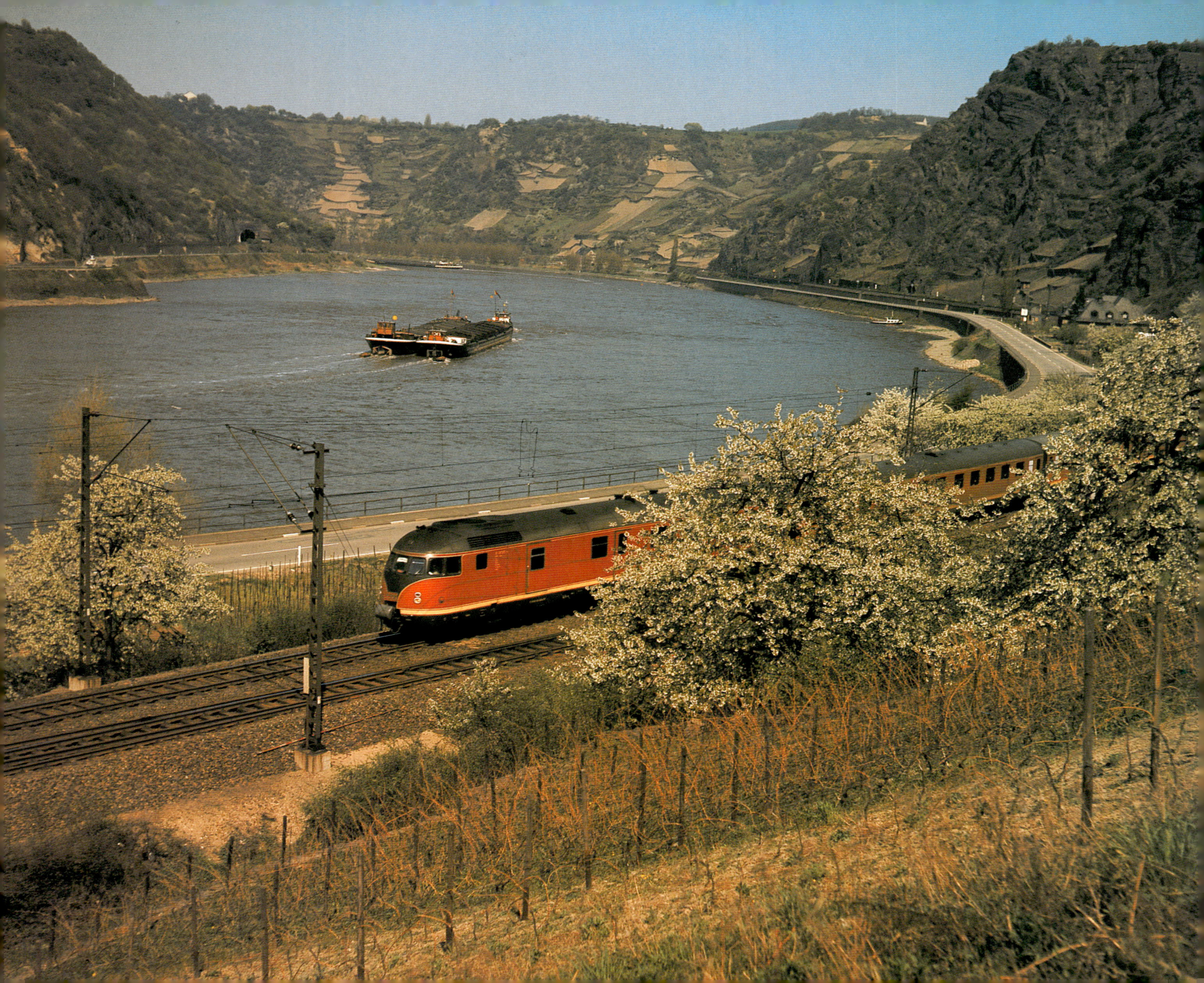

Links:
Eine Rarität: Der VT 08, als erster Schnellverkehrstriebwagen der Nachkriegszeit im Jahre 1952 erschienen, war jahrelang das Paradestück der DB und Synonym für besten und schnellsten Fahrdienst. Nachdem für das 1957 neugeschaffene TEE-Netz die VT 11^5 noch nicht ausreichten, mußten »Eierköpfe« einige Zeit in ihren Diensten aushelfen. Dazu erhielten sie ein provisorisches, unscheinbares TEE-Zeichen an der Stirn, wie auf unserem Bild der VT 08 515 vom Bw Frankfurt-Griesheim, der als TEE 32 »Rhein-Main« die rechte Rheinstrecke südwärts befährt; allerdings ist das Bild erst um 1962 herum aufgenommen worden. Die VT 08 wurden zu dieser Zeit nicht mehr planmäßig als TEE eingesetzt, vielmehr wird ein VT 11^5 ausgefallen sein, oder es mußte ein Verstärkungszug gefahren werden.

Rechts:
Gleichfalls umgeben von blühenden Bäumen ist diese VT 08-Garnitur.

Eine besondere Rarität erblicken wir hier. Im Juli 1954 hatte die deutsche Fußball-Nationalmannschaft das Weltmeisterschafts-Finale in Bern gegen Ungarn für sich entschieden; für die Rückfahrt des triumphierenden Teams stellte die DB ihren besten Fernzug, den gerade zwei Jahre alten VT 08, zur Verfügung. Am 5. Juli 1954 steht der VT 08 502 mit dem eigens für diese Gelegenheit beschrifteten Mittelwagen im Bahnhof Spiez der Bern-Lötschberg-Simplon-Bahn (BLS), deren charakteristische, aus der »Elektrisierung« im Jahre 1913 stammende Fahrleitungstraversen das Bild bestimmen. Der Sonderzug erreichte bei Singen wieder deutschen Boden, wo er stürmisch gefeiert wurde.

Ein markanter Kopf, stellvertretend für eine ganze Fahrzeuggeneration der frühen fünfziger Jahre: VT 08 519 um 1964 in seinem Heimat-Betriebswerk Frankfurt-Griesheim.

Zu den großen Seltenheiten zählen Farbaufnahmen der beiden Leichtmetall-Gliedertriebzüge VT 10. Nach der Auslieferung 1953 standen beide nur wenige Jahre mehr oder weniger sporadisch im Einsatz. Der DB-eigene Tageszug VT 10 501, den unser Schwarzweißfoto im Vorspann bei seiner Jungfernfahrt im planmäßigen Dienst zeigt, wurde ein Jahr später umgebaut, insbesondere die ursprüngliche filigrane Führerkanzel – eine Reminiszenz an den »Schienenzeppelin«? – durch eine wesentlich kräftiger profilierte Bauart ersetzt und der silberne Außenanstrich in rot-silber abgeändert. Wir sehen den siebenteiligen Zug in seiner ganzen Schönheit im Heimat-Bahnbetriebswerk Griesheim (oben) und bei einer Pressefahrt, wahrscheinlich anläßlich der Neugestaltung, um das Jahr 1955 im Bahnhof Lorch auf der rechten Rheinstrecke. Auf dem vierten Mittelwagen ist die Metalltafel mit dem Namen seines Zuglaufes »Senator« (F 41/42 Frankfurt – Hamburg) zu erkennen.

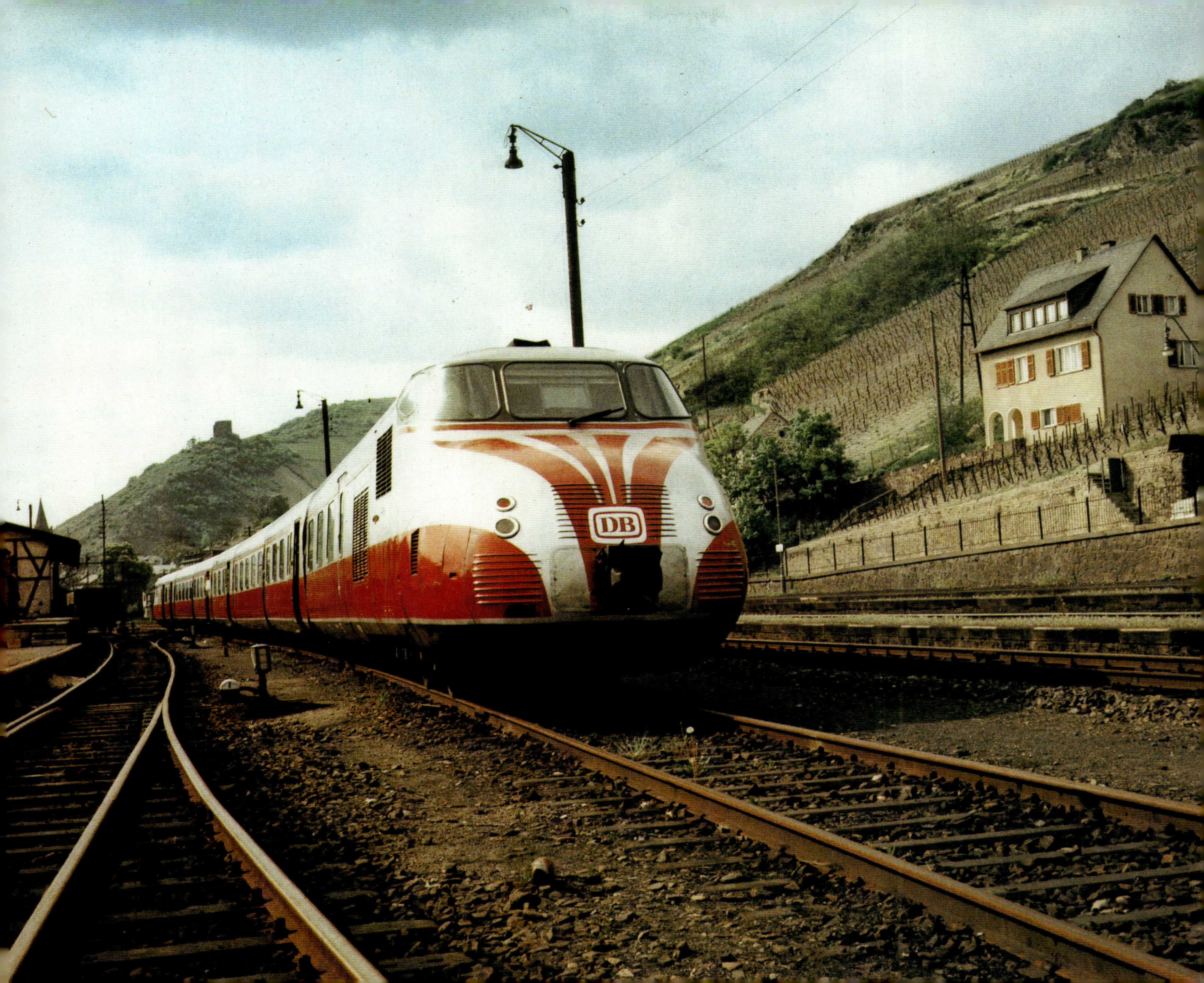
DB

Im Herbst zog es Reinhold Palm besonders gern hinaus in die Umgebung von Frankfurt, wo er Stimmungsbilder mit den von gelbgold bis rotbraun schimmernden Laubbäumen einfangen konnte. Nochmals ein VT 08 in einem vorwinterlichen Szenario, eine erste leichte Schneedecke liegt über den orangebraunen Eichenbäumen; rechts donnert schon sein Nachfolger, der VT 11^5, auf schnurgerader Strecke am spätherbstlich prangenden Birkenwäldchen vorüber.

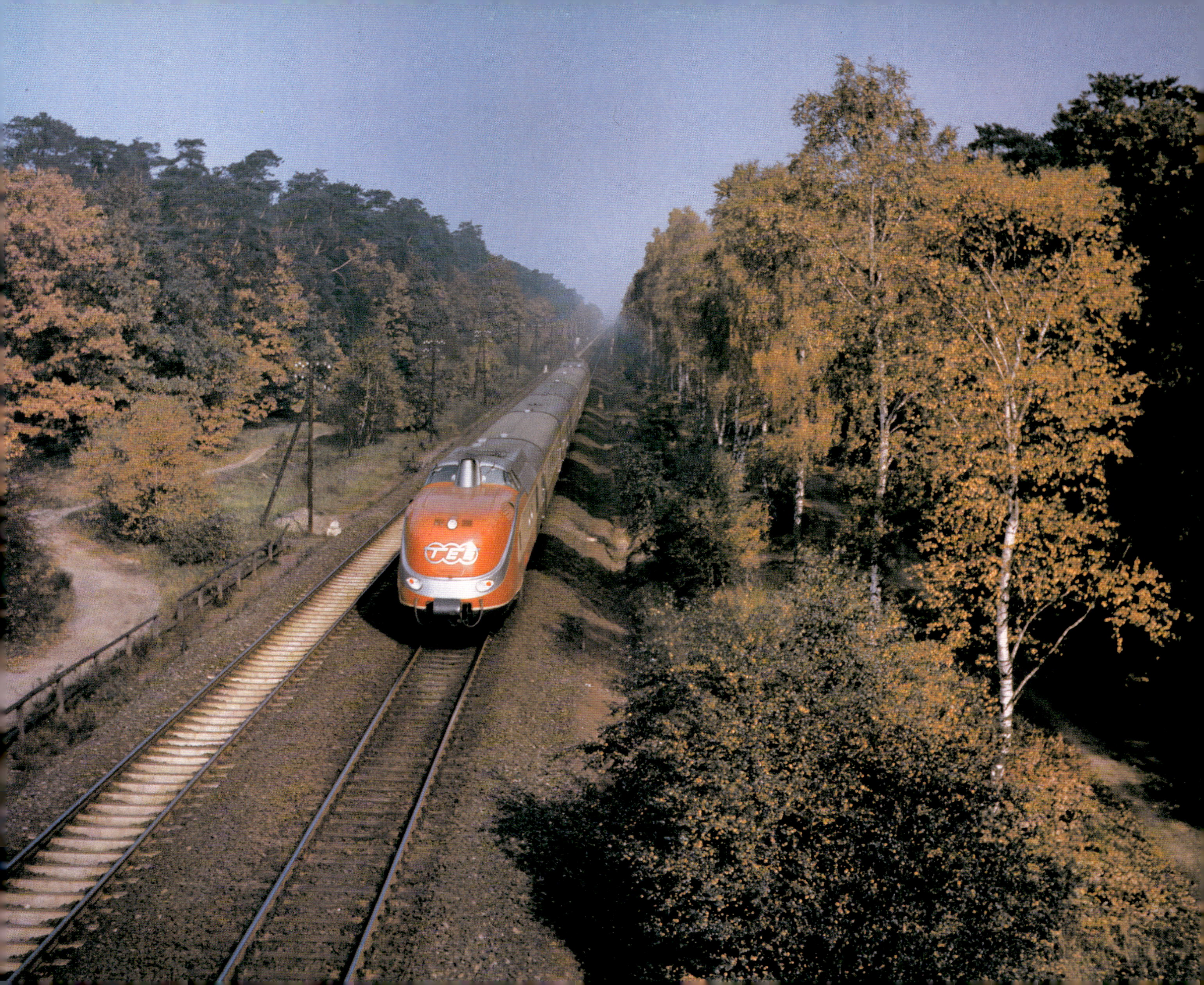
TEE

München Hauptbahnhof, Sommer 1958: Alt und neu sind hier friedlich nebeneinander vereint. Während links noch ein Personenzug mit alten bayerischen Dreiachsern auf Abfahrt wartet, ist die moderne Bundesbahn mit zwei VT 08 präsent: beide als »Rheinblitz« mit Ziel Dortmund, wobei F 27 über Stuttgart – Mannheim und F 137 über Würzburg – Frankfurt fährt. In Mannheim und Würzburg stoßen F 7 aus Basel bzw. F 37 aus Nürnberg hinzu, ab Mainz bis Köln verkehren vier gekuppelte Dieseltriebwagen alter und neuer Bauart gemeinsam, um dann als F 37/137 über Düsseldorf – Essen und als F 7/27 über Wuppertal – Hagen ihren Endpunkt zu erreichen. Aus der Kleidung der Fahrgäste, durchgehend graue Anzüge, kann man auf die Exklusivität der Kundschaft schließen ...

Die klassische Front des vielleicht formschönsten DB-Zuges kommt bei dieser Aufnahme besonders gut zur Geltung. In der Halle des Frankfurter Hauptbahnhofes wartet VT 11 5009 um 12.13 Uhr auf die Abfahrt als TEE 77 »Helvetia« nach Hamburg; bei groß und klein scheint seine Form ungeteilte Begeisterung auszulösen. Links eine Frankfurter 78er.

Immer wieder faszinierend: Der TEE-Triebzug VT 11^5 auf landschaftlich herrlichen Strecken wie im Rheintal, das er als TEE 31/32 »Rhein-Ruhr« in seinem schönsten Abschnitt – im eingeschnittenen Flußtal zwischen Mainz und Köln – befuhr.

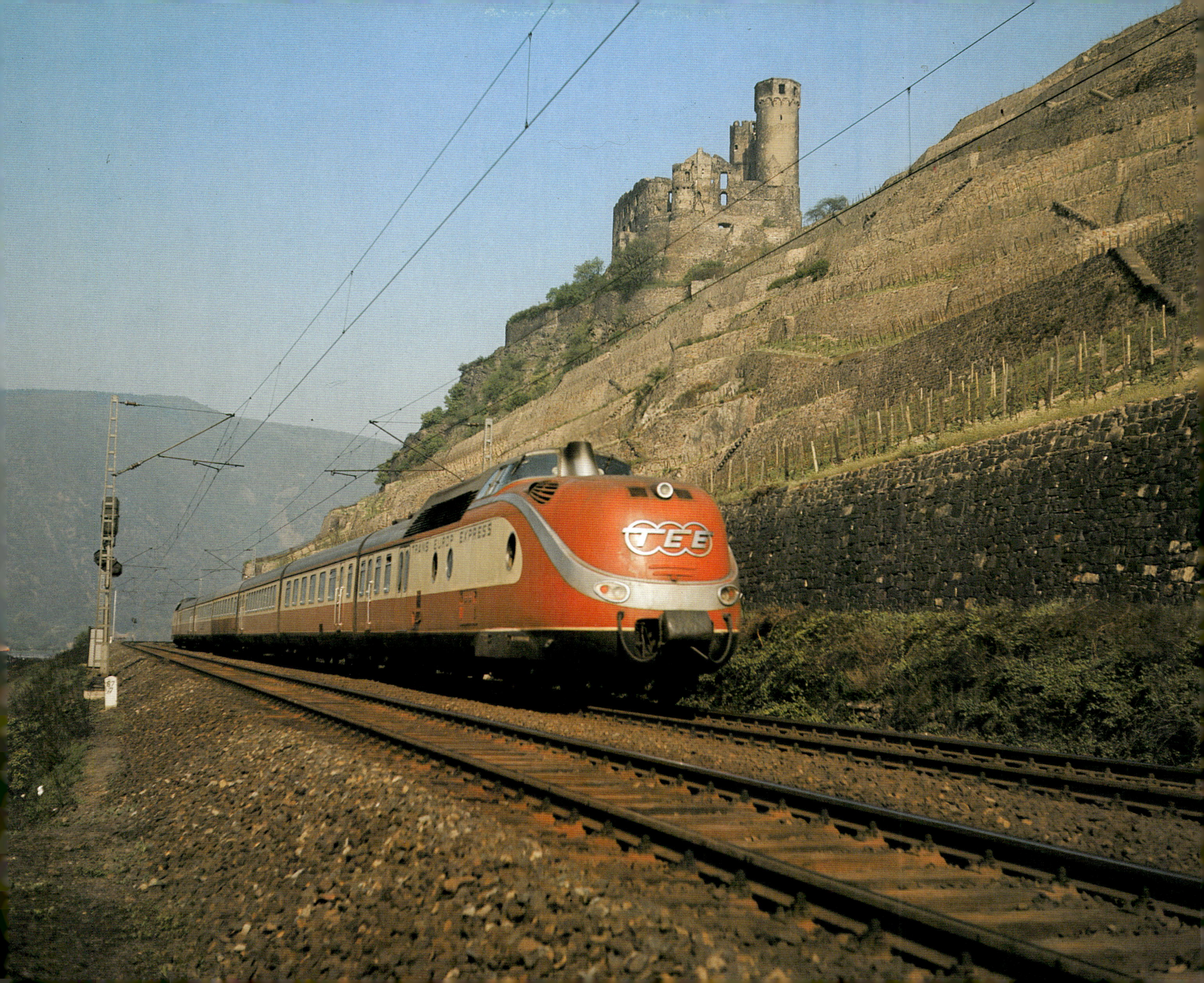
TEE
TRANS EUROP EXPRESS

Werfen wir nun einen Blick in das Innenleben des TEE: Mit gespannter Aufmerksamkeit sitzt der Triebwagenführer am Fahrschalter, denn der Tachometer zeigt genau 125 km/h an – ein Kilometer wird dabei in knapp 29 Sekunden durchfahren.

Edel ausgestattet war die Bar im VT 11^5 oder besser gesagt im entsprechenden Mittelwagen, deren Aufnahme der Haar- und Kleidermode nach zu schließen in der Anfangszeit der Trans-Europ-Expreßzüge entstand. Ein reizender »Gag« war das rote TEE-Emblem am Revers der Hosteß.

Am Rhein entlang

Selten wurde ein Fluß so oft mit deutschen Sagen und Mythen in Verbindung gebracht wie gerade der Rhein, obwohl es sich doch wahrhaft um ein internationales Gewässer handelt: in der Schweiz entspringt er, berührt Österreich und Frankreich und mündet in den Niederlanden in die Nordsee, und noch viel bunter ist die Schar der Länder, die auf ihm oder entlang seinen Ufern per Schiff und Eisenbahn Handel treiben und dies teilweise schon vor Tausenden von Jahren taten. Bereits für die alten Römer war der Fluß einer der bedeutendsten Nachschubwege bei der Unterwerfung und Verwaltung der germanischen Provinzen, wovon die vielen Siedlungen an seinen Ufern zeugen: Mainz, Köln, Neuß seien als einige herausgegriffen.

Doch wollen wir uns selbstverständlich nicht mit solchen Dingen befassen, sondern mit den Eisenbahnen am Rhein, genauer gesagt: den beiden Hauptstrecken unmittelbar links und rechts des Flusses von Wiesbaden bzw. Mainz nach Koblenz. Hier durchbricht der Fluß in einer tiefen Rinne, die er in Jahrtausende währender Erosionsarbeit schuf, die Barriere der Mittelgebirge Hunsrück und Taunus, hier waren schon für die Rheinschiffahrt seit alters her die schwierigsten Stellen wie das Binger Loch und der Loreleyfelsen zu umschiffen, hier mußten die Eisenbahnbauer den Raum für die Bahnstrecken mühsam dem knappen Talboden abringen: aber hier entfaltet sich – vom Schweizer Rhein vielleicht einmal abgesehen – auch die schönste Landschaftsszenerie am ganzen Flußlauf, die Schienenstränge führen in großer Enge durch die Ortschaften hindurch und schlängeln sich nahe am Fluß entlang, seinen Biegungen folgend. Hier nahm Reinhold Palm immer wieder gerne seine Züge auf.

Als wichtige Hauptbahnen entstanden beide Rhein-

Rechts:
Wer würde bei diesem Bild nicht Lust auf einen Frühjahrsurlaub am Rhein bekommen? Ein Touropa-Urlauberzug entschwindet in den blühenden Bäumen.

strecken bereits um die Mitte des vorigen Jahrhunderts. 1856 wurde die Verbindung von Wiesbaden nach Rüdesheim eröffnet, nachdem bereits eine Eisenbahn von Frankfurt bis dorthin führte, wenngleich nicht von vornherein als durchgehende Verbindung gedacht – jede der beiden Privatgesellschaften besaß in Wiesbaden einen eigenen Bahnhof. Die Nassauische Staatsbahn nahm 1862 die Verlängerung von Rüdesheim über St. Goarshausen nach Lahnstein in Betrieb, konnte sich der so entstandenen rechtsrheinischen Bahn jedoch nicht mehr lange freuen, denn im Gefolge des preußisch-österreichischen Krieges 1866 übernahm das mächtige Königreich Preußen das kleine Herzogtum Nassau und damit auch seine Eisenbahn.

Zur selben Zeit wie in Nassau entstand die Eisenbahn auf der linken Rheinseite von Bingerbrück über St. Goar und Boppard nach Koblenz, die die Rheinische Eisenbahn in den Jahren 1856 bis 1859 in Betrieb nahm. Diese hielt sich länger unter privater Herrschaft, bis unter Bismarck die große Verstaatlichungswelle der privaten Eisenbahnen in Preußen einsetzte, in deren Verlauf die Rheinische Bahn im Jahre 1879 der Staatsbahn eingegliedert wurde.

Besondere Bedeutung kam den Rheinstrecken nach dem Zweiten Weltkrieg zu, als durch die Teilung Deutschlands viele Verkehrsströme, früher zentral auf Berlin ausgerichtet, umgeleitet wurden. Für die drei Westzonen und die junge Bundesrepublik gewannen die großen Nord-Süd-Strecken enorm an Bedeutung, die Rheinstrecken um so mehr, als über sie ein Gutteil des damals einzigen Energieträgers Kohle vom Ruhrgebiet nach Süden abgefahren werden mußte. So war die Elektrifizierung schon zu Beginn der fünfziger Jahre beschlossene Sache: die linke Rheinstrecke von Mainz bis Köln stand Ende 1958 unter Spannung, die rechte konnte im Mai 1962 erstmals zur Gänze mit Elektrolokomotiven befahren werden. Es wurden fast ausschließlich Loks der neuen Einheitsbauarten E 10, E 40 und E 41 eingesetzt, die auch heute noch – neben der Reihe 103 für IC-Züge – den Löwenanteil der Traktion innehaben. Verschwunden sind dagegen die Fernschnelltriebwagen der Gattungen VT 08 und VT 11[5].

Links:
Auf der linken Rheinstrecke zieht eine 03 ihren Schnellzug an einem kalten Wintertag südwärts.

Die klassische Schnellzuglok auf den Rheinstrecken war nach der Elektrifizierung selbstverständlich die E 10. In der Ursprungsform gibt es die Serienlokomotiven heute nicht mehr. Links E 10 178 zwischen St. Goar und Oberwesel auf der linken Rheinstrecke beim – heute längst abgebauten – Block Kammereck südwärts fahrend, während rechts E 10 208 an der »Pfalz« bei Kaub vorüberfährt. Beide Bilder entstanden um 1960.

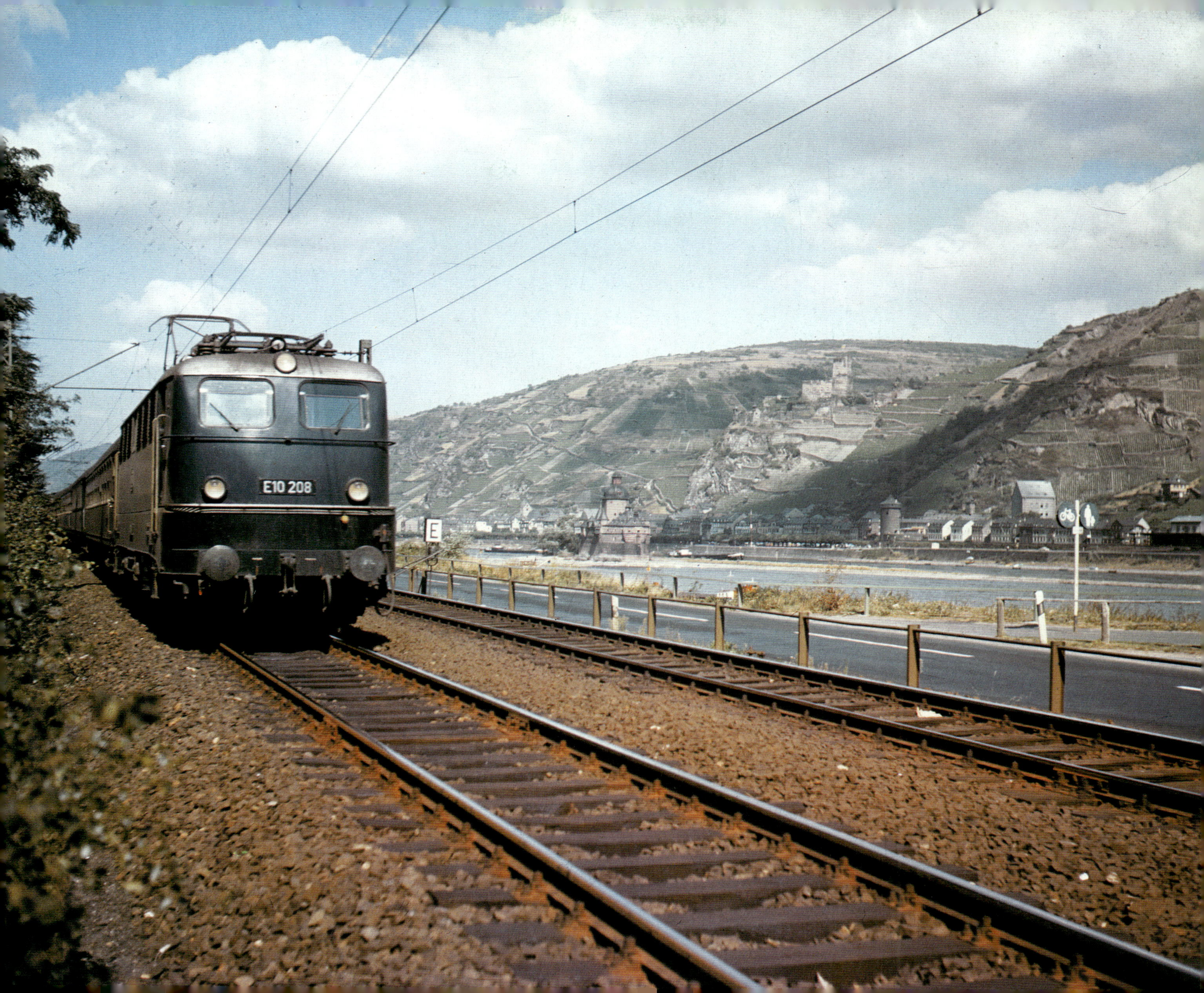
E10 208
E

Auch die anderen leichten Einheits-Elektrolokomotivtypen der DB waren und sind auf den Rheinstrecken zu Hause. Auf der linken Rheinstrecke bringt – kurz bevor F 10 »Rheingold« mit E 10 1243 den Standort des Fotografen passiert – E 40 226 eine wunderschöne Eilzuggarnitur der Vorkriegszeit, bestehend aus Wagen der Gruppen 30, 35 und 36, Richtung Süden.

Eine makellos blaue E 41 mit silbernem Dach durchquert mit einem Reisebüro-Sonderzug Oberwesel. Direkt hinter der Lok läuft ein Sitz-/Liegewagen mit vier Vorzugsabteilen (kleine Doppelfenster) und Schürzen, wie sie von den Reiseunternehmen Scharnow und Touropa gerne eingesetzt wurden.

Links:
Immer wieder reizvoll: Der Blick in das Rheintal von oben: Eine E 40 schlängelt sich mit einem schier endlosen Güterzug über die linke Rheinstrecke.

Rechts:
Niedrigwasser und Eisgang setzen der Rheinschiffahrt im Winter erheblich zu, so daß die Eisenbahn oft zusätzliche Tonnage zu verkraften hat. Unser Bild aus den späten fünfziger Jahren zeigt als besonderen Reiz am linken Rand der eingefrorenen Phalanx von Massengutfrachtern einen Schaufelrad-Schleppdampfer, wie sie jahrzehntelang auf dem Rhein gebräuchlich waren. Gab es 1939 auf dem Rhein noch 113 Radschlepper, so gingen im Zweiten Weltkrieg mehr als die Hälfte verloren, die restlichen verschwanden meist in den fünfziger Jahren, wurden bis spätestens 1967 außer Dienst gestellt – genau 151 Jahre, nachdem der erste Raddampfer von Rotterdam bis Köln gefahren war.

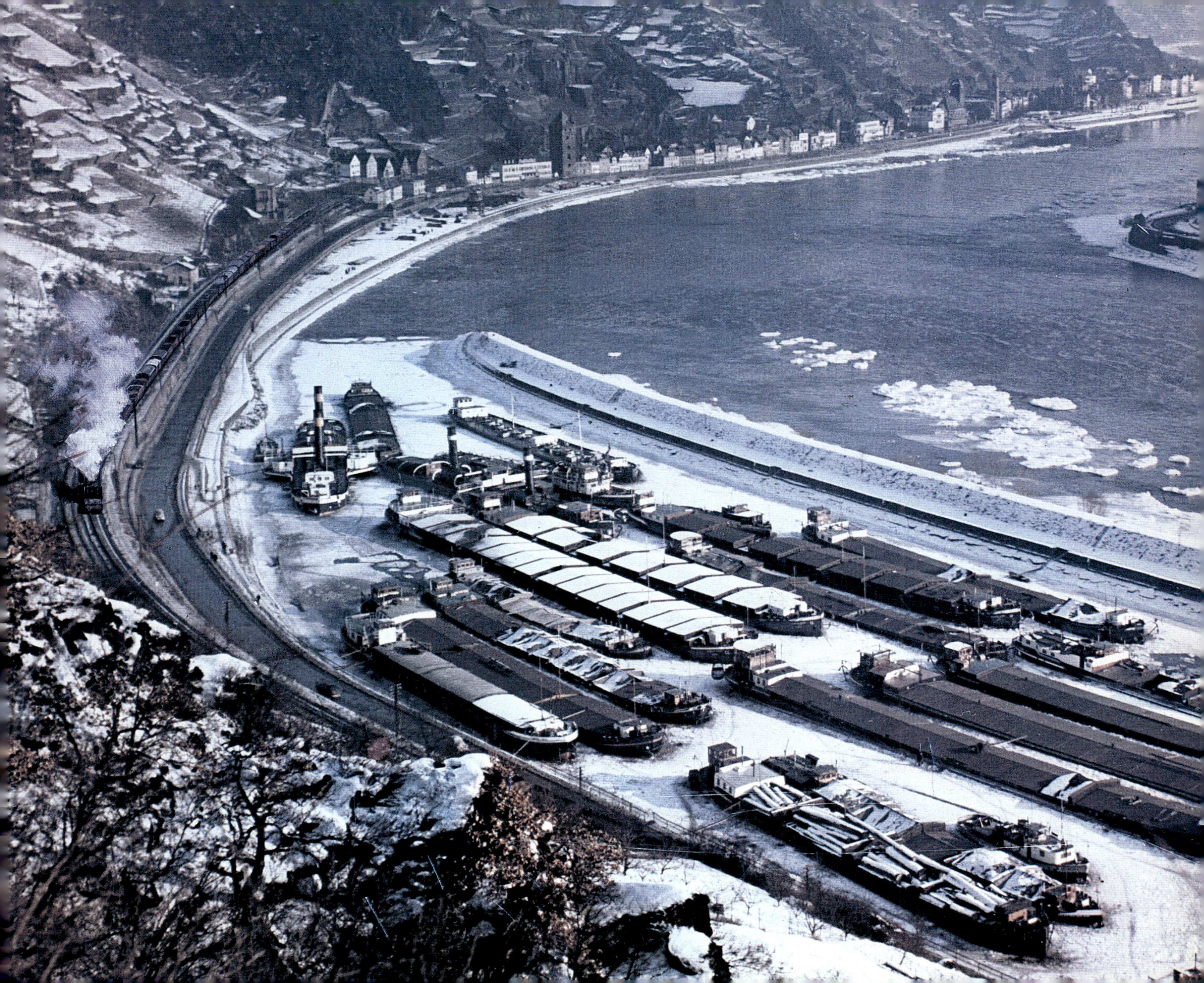

Von der weiß-roten, siebenteiligen Wagenschlange des TEE-Triebzuges war Reinhold Palm immer wieder fasziniert, weil sie sich so gut vom grünen und blauen Hintergrund abhob. Links wieder die Pfalz bei Kaub, hinter der der VT 11^5 auf der linken Rheinstrecke nordwärts fährt.

Ein ganz besonderer Zug befuhr die rechte Rheinstrecke am 20. Mai 1965 von Kaub nach Wiesbaden: Der Sonderzug des britischen Königspaares, mit dem Königin Elisabeth II. und Prinz Philipp ihren Staatsbesuch in Deutschland absolvierten. Das Paar war in Kaub vom Rheindampfer auf den Zug umgestiegen. Hinter der blauen »Bügelfalten«-E 10 laufen in dieser Reihenfolge: Wagen für die Hofdamen, Kleider- und Bügelwagen, Salonwagen Prinz Philipp, Salonwagen Königin, Gesellschafts- und Arbeitswagen der Königin (alle fünf grün), ein Speise-, ein Salon- und sieben Schlafwagen der DSG (alle rot) sowie ein grüner Liegewagen für das Begleitpersonal am Zugschluß.

Links:
Zwei Aufnahmen aus der Zeit vor dem elektrischen Betrieb: Die preußische T 14^1-93 742 – die wahrscheinlich mit einem Elektrifizierungsbauzug unterwegs war, passiert auf diesem wunderschönen Stimmungsbild in flotter Fahrt zwei Fuhrwerke, in welche aus den Butten der tüchtigen Weinleser gerade die reifen Trauben gekippt werden. Der graue »Schnauzenlaster« der Firma Magirus-Deutz im Hintergrund mit Dachleiter deutet übrigens ebenfalls auf Fahrleitungsarbeiten hin.

Rechts:
Dagegen ist die rechte Rheinstrecke um 1960 noch nicht mit Fahrdraht überzogen, und der noch nagelneue Speichertriebwagen ETA 150 016 mit Steuerwagen konnte im Bahnhof Kaub ohne störendes Beiwerk aufgenommen werden. 30 Jahre später sind diese Wagen bereits wieder aus dem Betrieb ausgeschieden.

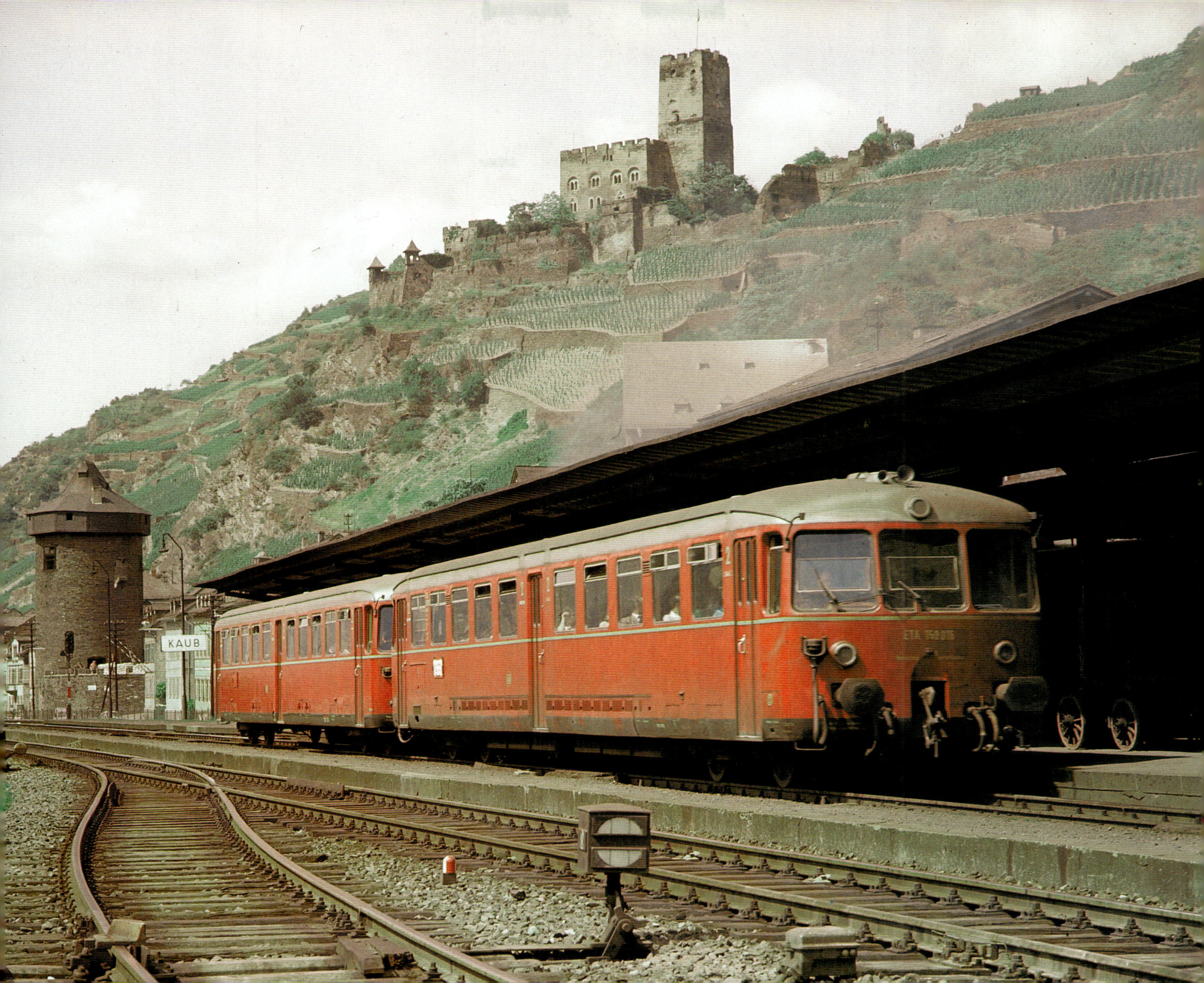
KAUB

»Weihnachten«

Wer in schneidend kalter, winterlicher Nacht noch »auf den Zug« muß, erfreut sich am warmen Licht des Hinweisschildes, das ihm den Weg zeigt. Am Bahnhof angekommen, gilt sein Blick der trotz gefrorener Eiszapfen exakt gehenden Bahnsteiguhr: noch ist es Zeit.

Wer dazu noch in der Vorweihnachtszeit reist, wird trotz der Hetze in diesen angeblich »stillen« Tagen immer gerne einen Blick auf die Christbäume werfen, die die rührigen Eisenbahner an ihrem nüchternen Arbeitsplatz aufgestellt haben. Für die kleinen Fahrgäste besonders reizvoll ist die in manchen Großstadtbahnhöfen aufgestellte Modelleisenbahn, die gegen geringes Entgelt die Wartezeit bis zur Abfahrt oder Ankunft eines Zuges überbrücken hilft.

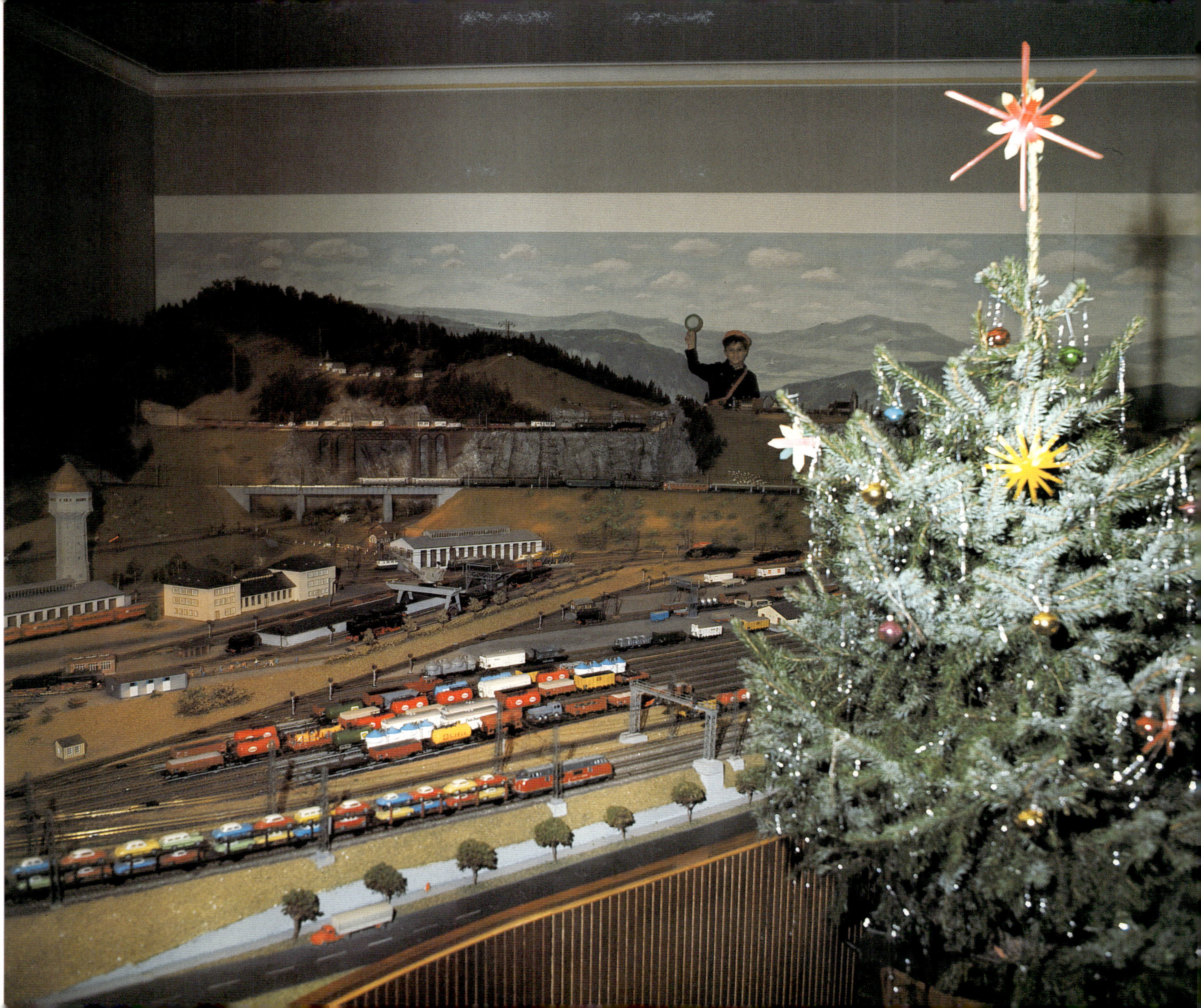

Die Fernschnellzüge »Rheingold/Rheinpfeil«

Am 27. Mai 1962 begann mit dem Einsatz des neuen Fernschnellzuges »Rheingold« eine neue Epoche bei der DB in zweierlei Hinsicht: zum einen war er wieder – wie schon 34 Jahre vorher – mit den modernsten und komfortabelsten Wagen ausgestattet worden, über die kein anderer Zug verfügte, zum anderen läutete er die »Wende« bei den Spitzenzügen vom leichten Schnelltriebwagen zum heutigen IC-Schnellverkehr mit lokbespannten Hochgeschwindigkeitszügen ein.

Blicken wir kurz zurück: Für den internationalen Reiseverkehr von Großbritannien und den Niederlanden in die Schweiz hatte die Reichsbahn ab 15. Mai 1928 den FFD 101/102 »Rheingold« mit seinen bekannten, cremevioletten 1./2.-Klasse-Salonwagen eingesetzt. Mit Kriegsausbruch 1939 eingestellt, konnte eine durchgehende Tagesverbindung Hoek van Holland – Basel erst 1949 wieder hergestellt werden, allerdings in 16 Stunden Fahrzeit statt 12 Stunden, die man zwanzig Jahre früher gebraucht hatte. Auch das Wagenmaterial war bescheiden, die Salonwagen liefen für die Besatzungsmächte und danach in normalen Schnellzügen, bis nach 1970 mehrere von ihnen wieder museal aufgearbeitet wurden.

Der mythische Name »Rheingold« tauchte im Mai 1951 wieder auf, der Zug gehörte nun zum »blauen« Fernschnellzugnetz, für das Schnellzugwagen der Baugruppen 28 und 39 hergerichtet worden waren. Eine weitere Aufwertung gab es ab Juni 1956, als der Expreßzug nur noch die erste Wagenklasse führte.

Zum Sommerfahrplan 1962 schließlich, als sichtbares Sinnbild, daß die Nachkriegszeit endgültig vorbei war, kam die DB mit einer in Europa einmaligen Neuheit heraus: Für den F 9/10 »Rheingold« Hoek van Holland bzw. Amsterdam – Basel waren erstmals Waggons mit Aussichtskuppel nach dem Vorbild US-amerikanischer »dome cars« konstruiert worden, die dort seit 1945 – als die »Chicago, Burlington & Quincy Railroad« den ersten Wagen mit überwältigendem Erfolg eingeführt hatte – von etlichen anderen Privatbahnen bis in die späten fünfziger Jahre gebaut worden waren und deren Verwirklichung auch in Europa den DB-Wagendezernenten Mielke seit seinen Besuchen in den USA nicht mehr losgelassen hatte. Neben diesen fünf Kanzelwagen wurden fünf Speisewagen sowie eine Anzahl Großraum- und Abteilwagen in Dienst gestellt, dazu die sechs Lokomotiven E 10 1239–1244, alle im neuen creme-blauen Anstrich. Ihre Getriebeübersetzung war gegenüber der Normal-E 10 (V/max = 150 km/h) geändert worden, denn der »Rheingold« sollte als erster Zug der DB planmäßig 160 km/h erreichen.

Eleganz und Exklusivität – das waren der »Rheingold« und der »Rheinpfeil« des Jahrgangs 1962.

Neben der Verbindung Holland – Basel war nach dem Krieg auch eine schnelle Verbindung Ruhrgebiet – München aufgekommen, der F 21/22 »Rheinpfeil«, der zum Fahrplanwechsel ab 26. Mai 1963 ebenfalls mit Rheingoldwagen verkehrte. Die creme-blauen, 160 km/h schnellen E 10 250–254 besaßen im Gegensatz zu den Rheingoldloks 1239–1244 bereits neue Drehgestelle. Hatte man damals geglaubt, beide Renommierzüge würden nun Jahre oder Jahrzehnte unverändert als »Markenzeichen« verkehren, so wurde man bald eines besseren belehrt: Ständig gab es Änderungen, so daß Aufnahmen des »Rheingold« und des »Rheinpfeil« im Originalzustand von 1962/63 heute zu den ausgesprochenen Raritäten zählen. Die Änderungen im einzelnen:

- Ende 1962 bzw. 1964: Ersatz der Kasten-E 10 durch die neue, stromlinienförmige und ebenfalls creme-blau gestrichene Variante (»Bügelfalten-E 10«) E 10 1265–1270 (Rheingold) und E 10 1308–1312 (Rheinpfeil); die Ursprungsloks wurden wieder blau gestrichen und als E 10 239–244 bzw. 250–254 im normalen D-Zugdienst verwendet.
- Mai 1965: Höherklassifizierung der Fernschnellzüge Rheingold und Rheinpfeil zu TEE 9/10 bzw. 21/22.
- ab 1966: Umlackierung von Loks und Wagen beider Züge von creme-blau in creme-rot (abgeschlossen 1967), da seit 12. April 1965 die ersten TEE-Züge mit roten Wagen der Rheingold-Bauart (TEE 77/78 »Helvetia«) verkehrten und ein einheitlicher Anstrich derartiger Züge angestrebt wurde.
- 1971: Rückzug der nunmehr als Reihe 112 bezeichneten E 10^{12} von Rheingold und Rheinpfeil und Ersatz durch die neue Reihe 103.
- 25.9.1971: Rückstufung des TEE »Rheinpfeil« zum Intercity.
- 1976: Ausmusterung von Aussichts- und Speisewagen, Verkauf der erstgenannten an eine Privatfirma.
- Mai 1987: Endgültige Einstellung des TEE »Rheingold«, nachdem er noch 1983 mit neu überarbeiteten Wagen und neuem Laufweg (zum Teil über Heidelberg – Neckartal – Heilbronn, im Sommer bis Salzburg) eingesetzt worden war.

Mit dem Einsatz des neuen »Rheingold« im Jahre 1962 avancierte erstmals wieder ein lokbespannter Reisezug zum Spitzenreiter in Schnelligkeit und Komfort, was im Jahrzehnt davor nur den Schnelltriebwagen vorbehalten geblieben war. Möglich wurde dies durch zunehmende Automatisierung im Gleisbau und der daraus folgenden wesentlich größeren Festigkeit des Oberbaus bei gleichzeitig geringerer Beanspruchung von Fahrzeugen und Gleisen dank lückenlos geschweißter Schienen, so daß auch schwere Schnellzugloks mit hohem

Tempo problemlos verkehren konnten. Die in der Lok zu installierende Leistung konnte nun auch geringer gehalten werden, da neuzeitliche Waggons dank der Leichtbautechnik weniger wogen als die bis Mitte der fünfziger Jahre fast ausschließlich verwendeten, schweren Vorkriegswagen.

Ein zweiter, wichtigerer Grund noch sprach für den lokomotivbespannten, schnellen Zug. Die zunehmende Mobilität, mehr Geld und mehr Freizeit beim »Normalverbraucher« erweiterten die Klientel der erstklassigen Züge beachtlich, so daß der – grundsätzlich platzbeschränkte – Triebwagen einfach zu klein wurde. Denn es ist kein Problem, an einen Fernschnellzug mit sieben oder acht Waggons noch einen oder zwei anzuhängen, auch auf Unterwegsbahnhöfen, während eine Verstärkungsgarnitur beim Triebwagen – also ein zweiter Triebzug – eine Menge Geld kostet und normalerweise auch gar nicht zur Verfügung steht, einfach weil die hochwertigen Züge alle »verplant« sind. Deshalb wurden immer mehr TEE-Züge vom Triebzug VT 11[5] auf lokbespannte Reisezüge umgestellt, deren Wagen vom Rheingold-Typ, allerdings ohne die teuren Aussichts- und Buckelspeisewagen, den älteren Triebwagen in puncto Komfort in nichts nachstanden. Man begann mit dem schon länger an Überlastung leidenden TEE »Helvetia« Hamburg – Zürich, der ab 12. April 1965 mit Lok und Wagen verkehrte. Der kurz darauf, zum Fahrplanwechsel im Mai 1965, neu in Dienst gestellte TEE 55/56 »Blauer Enzian« München – Hamburg war bereits von vornherein mit einer Wagengarnitur ausgestattet worden; weitere Umwandlungen folgten, die alle zu dokumentieren hier nicht der Platz ist. Der große Durchbruch fand schließlich 1971 mit der Einführung des ersten, noch rein erstklassigen Intercity-Netzes statt, das die wichtigsten Städte der Bundesrepublik im Zweistundentakt bediente. In einem solchen starren Netz wurden die mit dem gleichen Wagenmaterial verkehrenden TEE- und die noch verbliebenen F-Züge immer mehr zu Außenseitern ohne Daseinsberechtigung – warum sollte man TEE fahren, wenn auch der IC denselben Zielort anlief und man sich dessen Abfahrtszeit wegen des Taktes gut merken konnte? Man integrierte sie deswegen nach und nach in das IC-Netz.

Der letzte Schritt des »Gleichmachens« bestand dann schließlich in der Einführung des IC-Stundentaktes mitsamt Zweiklassigkeit dieser Züge im Mai 1979: nun hatten die Wagen der Bauart Rheingold, 1962 noch für das souveräne Reisen einer kleinen Oberschicht bestimmt, endgültig die Rolle der früheren Schnellzugwagen übernommen, in denen jeder Bürger weite Entfernungen relativ preiswert überwinden konnte. Viele technische Details, die in den heutigen IC-Wagen beider Klassen Allgemeingut sind, wurden damals erstmals angewendet: Sonnenschutzglas zur Verminderung der Wärmeeinstrahlung, Klimaanlage, von der Lok mittels Fernsteuerung geschlossene Außentüren und elektropneumatisch gesteuerte Übergangstüren innen und vieles mehr. Unsere Bilder wollen noch einmal den »Rheingold« und den »Rheinpfeil« der Bauart 1962 zum Leben erwecken.

F 10 »Rheingold« verläßt am Vormittag den Kölner Hauptbahnhof Richtung Süden. Im Bild einer der fünf sogenannten »Buckelspeisewagen« WR4üm-62: Im Vordergrund der Speiseraum, im Hintergrund – bei den tiefliegenden Fenstern im blauen Brüstungsband – die Spülküche und darüber, im buckelförmig angehobenen Dach, die Kochküche. Dieser Wagentyp wurde wegen hoher Unterhaltskosten 1976 von der DB ausgeschieden.

Zweimal der »Rheingold« in typischer Szenerie an den Ufern des namengebenden Flusses. Das linke Bild vom Sommer 1962 zeigt noch eine der Originalmaschinen E 10 1239–1244 und alle vier Wagentypen: Abteil-, Aussichts-, Speise- und Großraumwagen.
Rechts der Starzug bereits mit »Bügelfalten«-E 10 (1265–1270) in klassischer Formation im April 1964: Hinter der Lok drei Abteilwagen, Aussichts- und Speisewagen, noch ein Abteilwagen und ein Großraumwagen am Zugschluß.

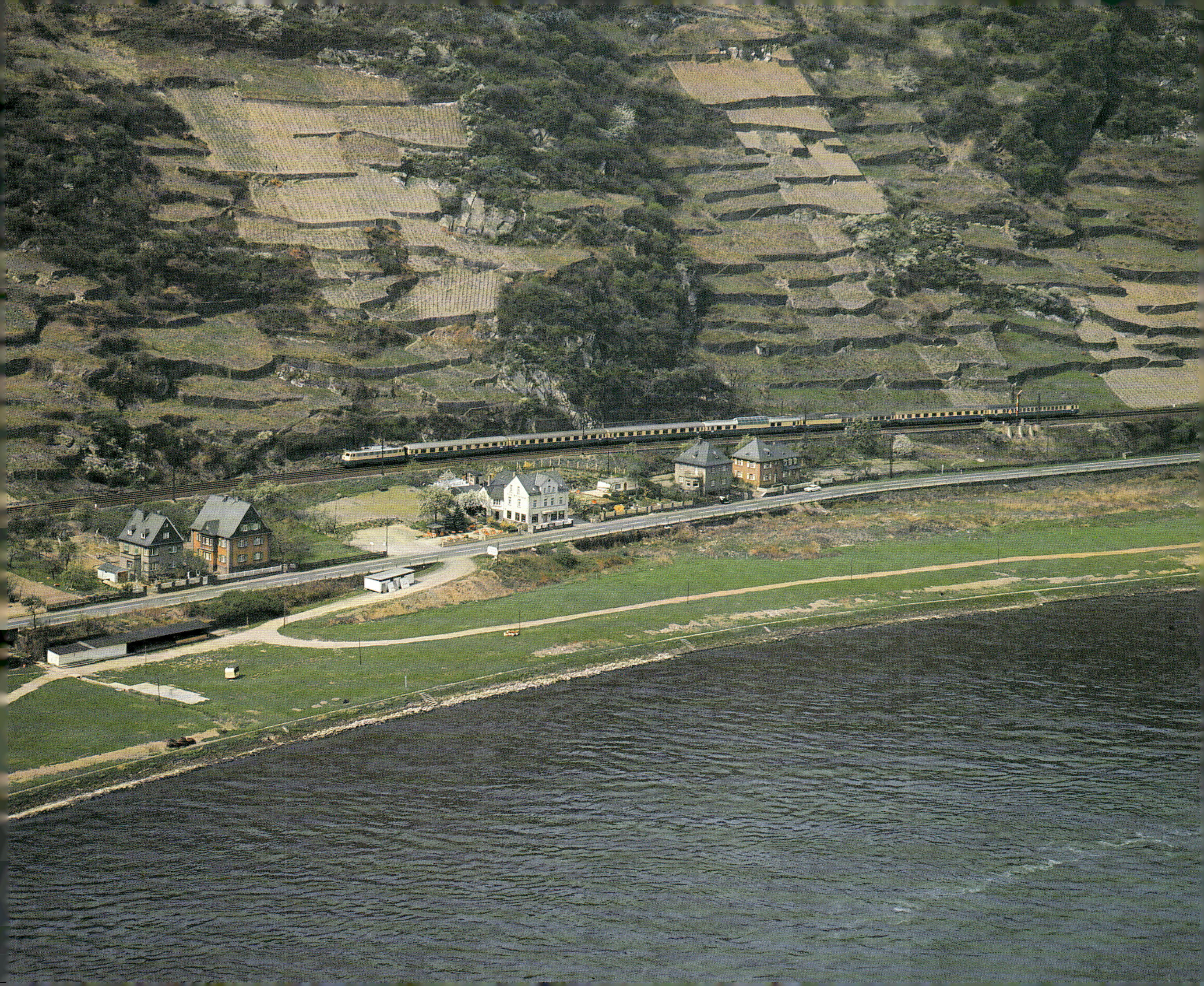

Einer der fünf Aussichtswagen vom Typ AD4üm-62 im Lauf des F22 »Rheinpfeil« Dortmund-München beim Aufenthalt im Frankfurter Hauptbahnhof. Symptomatisch für die Exklusivität sind die im Vordergrund stehenden, zeitgenössisch elegant gekleideten Fahrgäste!
Unter der Kanzel waren der Gepäckraum, ein Maschinenraum und eine öffentliche Telefonzelle untergebracht sowie ein Dienstraum für den Zugführer.

Oben:
Ein Blick in die mit goldbedampften Scheiben versehene Aussichtskanzel des »Rheingold«. 22 Fahrgäste finden hier auf bequemen Liegesesseln einen Sitzplatz.

Rechts:
Im selben Wagen war die Bar untergebracht. Das geschmackvolle Interieur läßt noch bei den Sesseln gewisse Anklänge an die Nierentisch-Epoche der fünfziger Jahre erkennen, allerdings ohne deren Billigkeit; poliertes Holz und kunstvoll geätztes Glas geben dem Raum ein vornehmes und trotzdem gemütliches Flair. An der Fensterbrüstung rechts ist der Auslaß für die Klimaanlage gut zu erkennen.

Links:
Nochmals ein Blick von außen auf die Wagen des F 21 »Rheinpfeil«, der im Jahre 1964 gerade von einer Münchner E 04 als Leergarnitur vom Abstellbahnhof Pasing in den Münchner Hauptbahnhof hereingeschleppt wird. Links – hinter der grünen Elektrolok von 1934 – zwei Abteilwagen, danach Speise- und Aussichtswagen, wobei der Speisewagen gut den Buckel im Dach erkennen läßt, der die Profilgrenzen ausnutzt. Die Kochküche – hinter den drei schrägen Dachfenstern – war mit der Spülküche im »Untergeschoß« durch einen Speise- und Geschirraufzug sowie eine Gegensprechanlage verbunden!

Rechts:
Als Abschied vom »blauen« Rheingold/Rheinpfeil noch einmal ein herrliches Streckenfoto, das Reinhold Palm an einem seiner Lieblingsplätze aufgenommen hat: Durch Oberwesel auf der linken Rheinstrecke donnert F 22 »Rheinpfeil« im Sommer 1963 nach Süden, geführt von der creme-blauen E 10 254, die im Gegensatz zu den Rheingoldloks 1239–1244 nicht nur geänderte Übersetzungen für 160 km/h besaß, sondern bereits neuartige Drehgestelle, die ein Jahr später in die Neubauloks E 10 1308–1312 eingebaut wurden. Die Hauptreisezeit hat trotz der acht Stammwagen das Anfügen eines blauen F-Zug-Wagens erster Klasse am Zugschluß notwendig gemacht. Außer den Drehgestellen besaßen die E 10 250–254 ein weiteres Unterscheidungsmerkmal gegenüber den Rheingoldloks: Das DB-Schild über dem Nummernschild der Front fehlte hier.

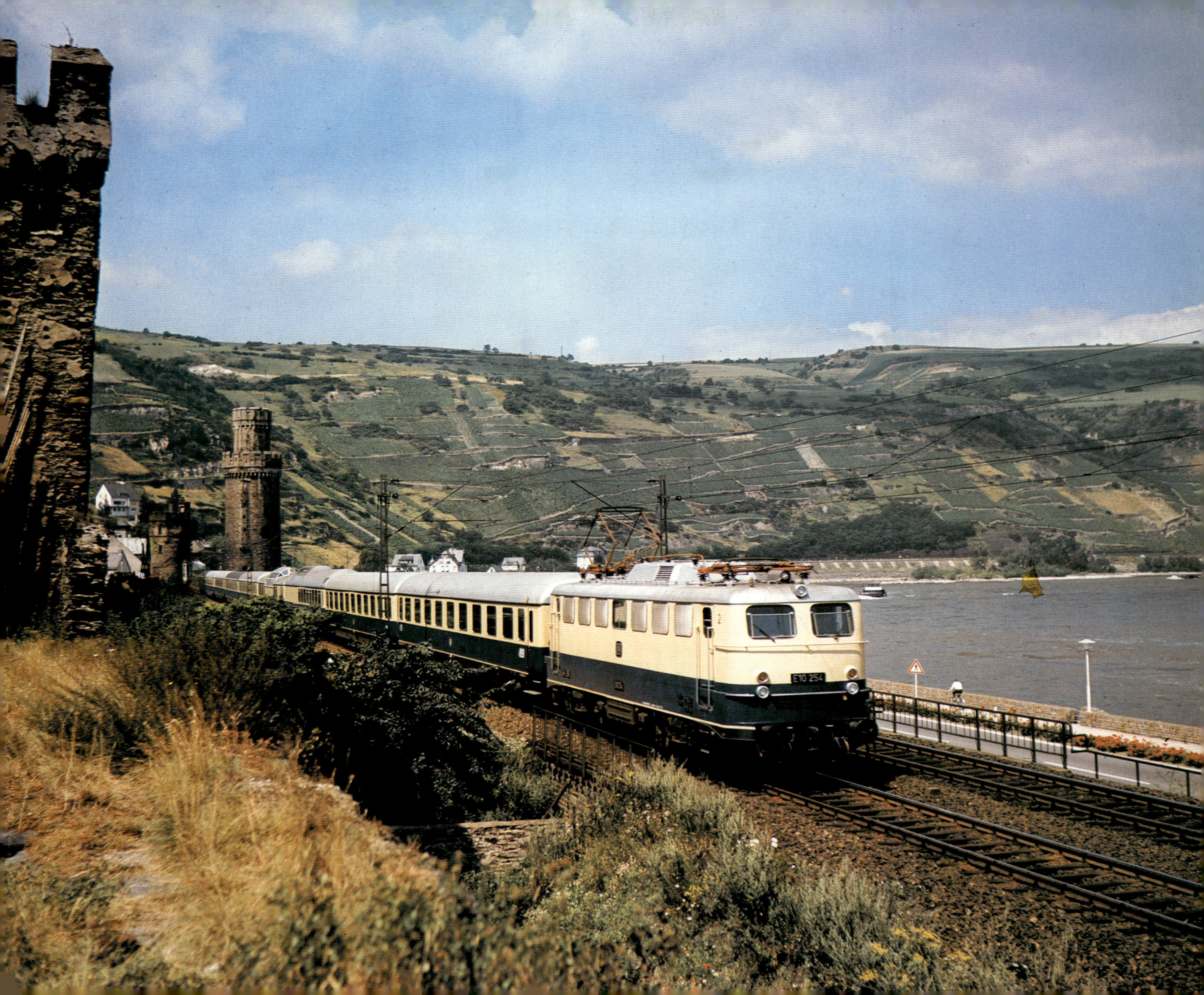
E10 254

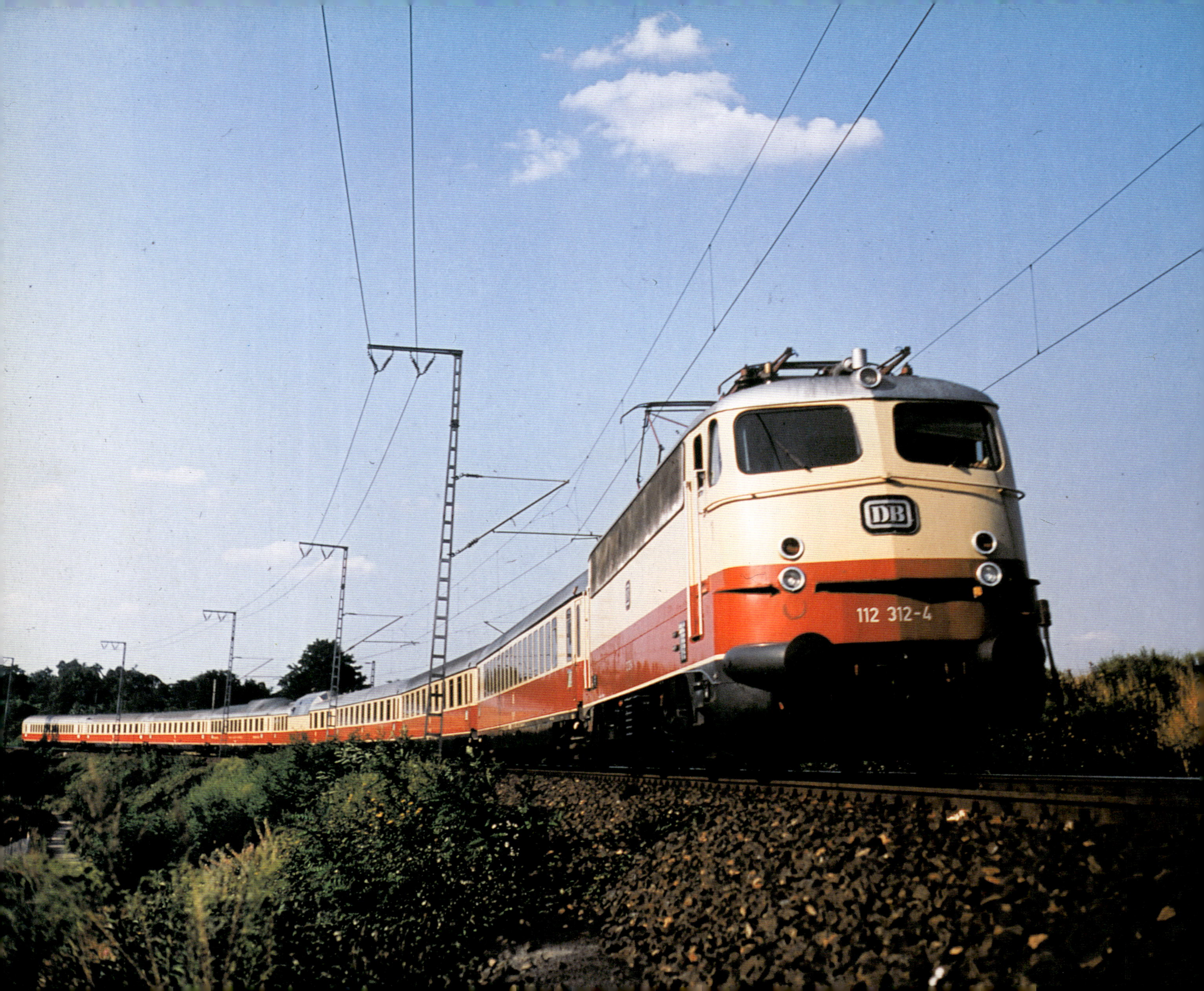
DB
112 312-4

Auch wenn sie zeitlich nicht mehr ganz zum Buchthema gehören, abschließend noch zwei Bilder vom »roten« Zug, als Rheingold und Rheinpfeil schon zum TEE aufgewertet waren. Links fährt um 1970 in der Nähe von Steinach bei Rothenburg/T. der TEE 22 südwärts, geführt von der 112 312.

Rechts führt bereits eine 103 den »Rheinpfeil« – denn um diesen handelt es sich, trotz der »Rheingold«-Aufschrift auf dem Kanzelwagen – über den Spessart in der Nähe von Partenstein. Der originale Buckelspeisewagen hat bereits einem 27,5-m-Wagen der Bauart 1965 weichen müssen. Prächtig blühen Löwenzahn im Vorder- und Schlehenbüsche im Hintergrund des Bildes, das um 1973 im Monat Mai entstanden ist.

Neubaustrecke »Vogelfluglinie«

Was heute im Zeitalter der Hochgeschwindigkeits-Neubaustrecke (NBS) Würzburg – Fulda, bereits im Mai 1988 in Betrieb genommen worden, und der anderen, im Bau befindlichen Linien selbstverständlich ist, war vor 25 Jahren fast ein Wunder: Die Inbetriebnahme einer kompletten, neugebauten Fernbahnstrecke, nämlich der »Vogelfluglinie« Großenbrode – Puttgarden – (Rødby) am 14. Mai 1963.

Zur Erinnerung: Die vor dem Krieg betriebenen Eisenbahn-Fährverbindungen mit Skandinavien – von Warnemünde zum dänischen Gedser und von Saßnitz auf Rügen nach Trelleborg in Schweden – lagen nach 1945 im Gebiet der damaligen sowjetischen Besatzungszone. Als Abhilfe schuf die junge DB eine neue Verbindung nach Gedser vom Fährbahnhof Großenbrode Kai, die am 15.7.1951 in Betrieb ging. Die Fährleistungen an Personen, Pkw und Reisezugwagen nahmen im folgenden Jahrzehnt ständig zu; einer weiteren Verkehrsverdichtung standen jedoch fast drei Stunden Schiffsfahrzeit für 70 km hemmend gegenüber, obwohl die DB 1953 und 1957 je ein neues Eisenbahn/Kfz-Fährschiff – »Deutschland« und »Theodor Heuss« – in Dienst stellte. Hier konnte nur eine drastische Verkürzung der Seereisezeit Abhilfe bringen, wofür sich ein Weg über den nur etwa 19 km breiten Fehmarn-Belt zwischen der einen Kilometer vom Festland entfernten deutschen Insel Fehmarn und der dänischen Insel Laaland anbot, die ihrerseits problemlos an das dänische Hauptbahnnetz angeschlossen werden konnte, indem man eine Neubaustrecke vom zukünftigen Hafen Rødby nach Nyköbing baute, das an der alten Fährlinie Gedser – Kopenhagen lag. Von deutscher Seite aus war also die Verlängerung der Hauptbahn von Lübeck über Großenbrode hinaus, über den fast 1,5 km breiten Fehmarn-Sund und weiter über die Insel Fehmarn bis Puttgarden an ihrer Nordseite nötig, außerdem der Bau eines kompletten Bahnhofes samt Bahnbetriebswerk und Fährhafen in Puttgarden. Auf Fehmarn existierte zwar bereits eine Nebenstrecke, die mittels eines kleinen Trajekts vom Festland erreicht werden konnte, nach den Dörfern Burg und Orth; sie war für die geplante Fernstrecke jedoch unbrauchbar und wurde später aufgelassen. Im Zuge der neuen Verbindung, die von Anbeginn an reinen Dieselbetrieb aufwies, reduzierte sich die Schiffahrtszeit um volle zwei auf eine knappe Stunde. Gemäß dem Weg, den viele Zugvögel im Frühsommer und Herbst wählten, erhielt die neue Verbindung den Namen »Vogelfluglinie«. Am 13. Juni 1958 wurde der entsprechende Vertrag zwischen Deutschland und Dänemark unterzeichnet.

Kernstück der Linie war die lange Fehmarnsund-Brücke

mit insgesamt sieben jeweils rund 100 m weit gespannten Vorfluter-Öffnungen in Stahlkastenbauweise auf Betonpfeilern sowie dem 240 m weit gespannten Hauptbogen, der sich am Scheitelpunkt 70 m über dem Meeresspiegel erhebt und von dem die stählerne Fahrbahnplatte für Bahn und Straße an 80 kreuzweise verspannten Stahltrossen abgehängt ist. Der »Kleiderbügel«, seiner Form wegen im Volksmund so genannt, stellt also eine Hängebrücke dar.

Baubeginn für die Brücke war am 4. Januar 1960; Mitte 1962 konnte der stählerne Bogen der Hauptöffnung geschlossen und im Dezember 1962 die Fahrbahn aufgehängt werden. Am 30. April 1963 – nur zwei Wochen vor der Eröffnung – konnte die Konstruktion befahren werden. Insgesamt waren für die Pfeiler 22 150 m³ Beton und für die Überbauten 9 200 t Stahl verbaut, sowie Zufahrtsrampen von 1,2 km auf dem Festland sowie 1,4 km auf der Insel aufgeschüttet worden, denn die Züge müssen rund 23 m Höhenunterschied überwinden, um auf die Brücke zu gelangen.

Parallel dazu war der neue Fährbahnhof Puttgarden mit zwei Hauptfährbetten und einem weiteren als Reserve, drei Bahnsteigen mit sechs Ferngleisen, Bahnhof, Betriebswerk und Abfertigungsanlagen aus dem fruchtbaren Inselboden gestampft worden, so daß die gesamte Linie am 14.5.1963 von Bundespräsident Lübke und dem dänischen König Frederik IX. feierlich eröffnet werden konnte. Bereits im ersten Sommer stiegen die Beförderungszahlen an Güterwagen gegenüber den entsprechenden Monaten des Jahres 1962 um rund 180 Prozent!

Auch bei den Traktionsmitteln nahm die Vogelfluglinie anfangs eine Sonderstellung ein. So wurden im Schnellzugsdienst neben einigen Hamburger VT 12 nagelneu gelieferte Loks der Reihe V 200[1] eingesetzt, dazu V 100 und die neun V 160 der Vorserie sowie V 36, V 60 und V 65 im Rangierdienst. Während V 160 und V 65 bis Ende der sechziger Jahre in den Hamburger Raum abwanderten, hielt sich die jetzige Reihe 221 (ex V 200[1]) vor Schnell- und Güterzügen noch bis 1978, um dann ins Ruhrgebiet versetzt zu werden, wo die letzten Maschinen im Frühjahr 1988 abgestellt wurden. Neben der Reihe 360/361 (ex V 60) für den Verschub beherrschen heute die allgegenwärtigen 218er den Eisenbahnverkehr in Puttgarden.

Lageplan der Vogelfluglinie

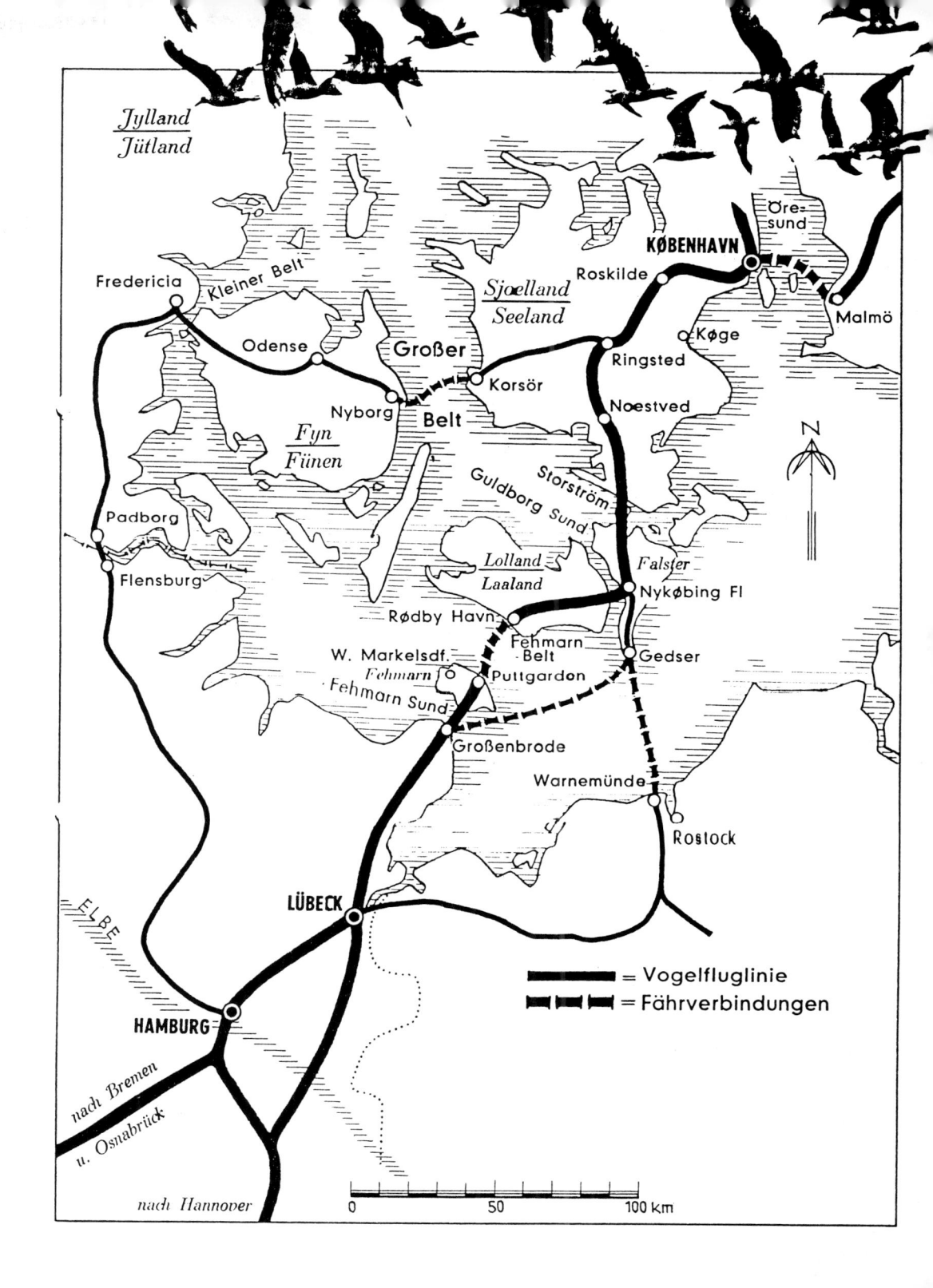

Links:
Von der Eröffnung der Vogelfluglinie im Jahre 1963 an bis 1978 gehörten die damals nagelneuen V 200[1] zu den Stammlokomotiven der Linie. V 200 118 zieht einen Schnellzug aus dem geöffneten »Bauch« des Fährschiffes.

Rechts:
Ein reizvoller Schnappschuß vom Oberdeck des Fährschiffes aus: V 200 115 verschiebt einen Schnellzug aus französischen Wagen im Bahnhof Puttgarden, dessen Bahnsteige im Hintergrund sichtbar sind. Darüber der lange Glasgang, über den die Passagiere unbeeindruckt vom oftmals rauhen Wetter in dieser Region vom Zug zum Schiff und umgekehrt gehen können.

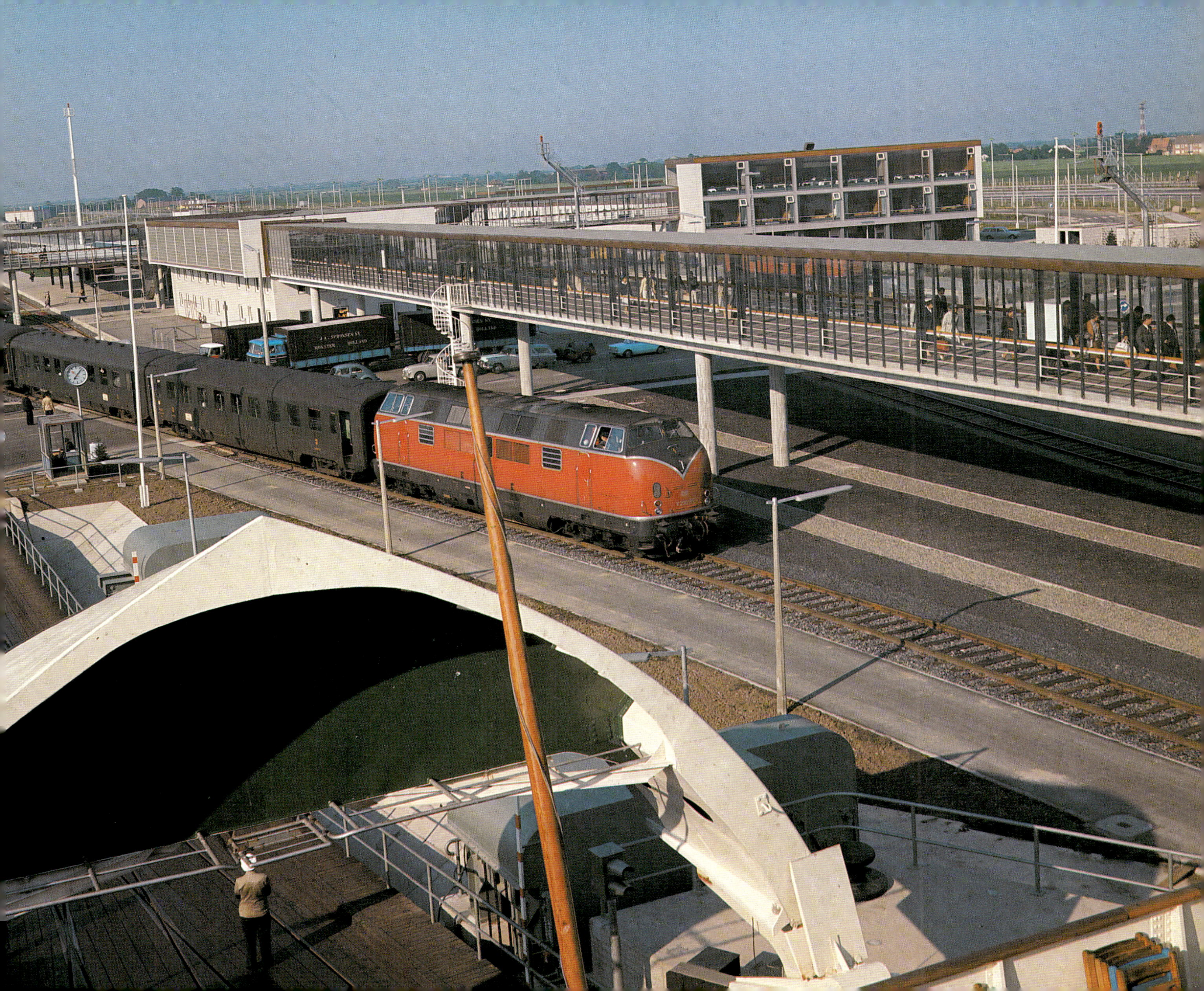

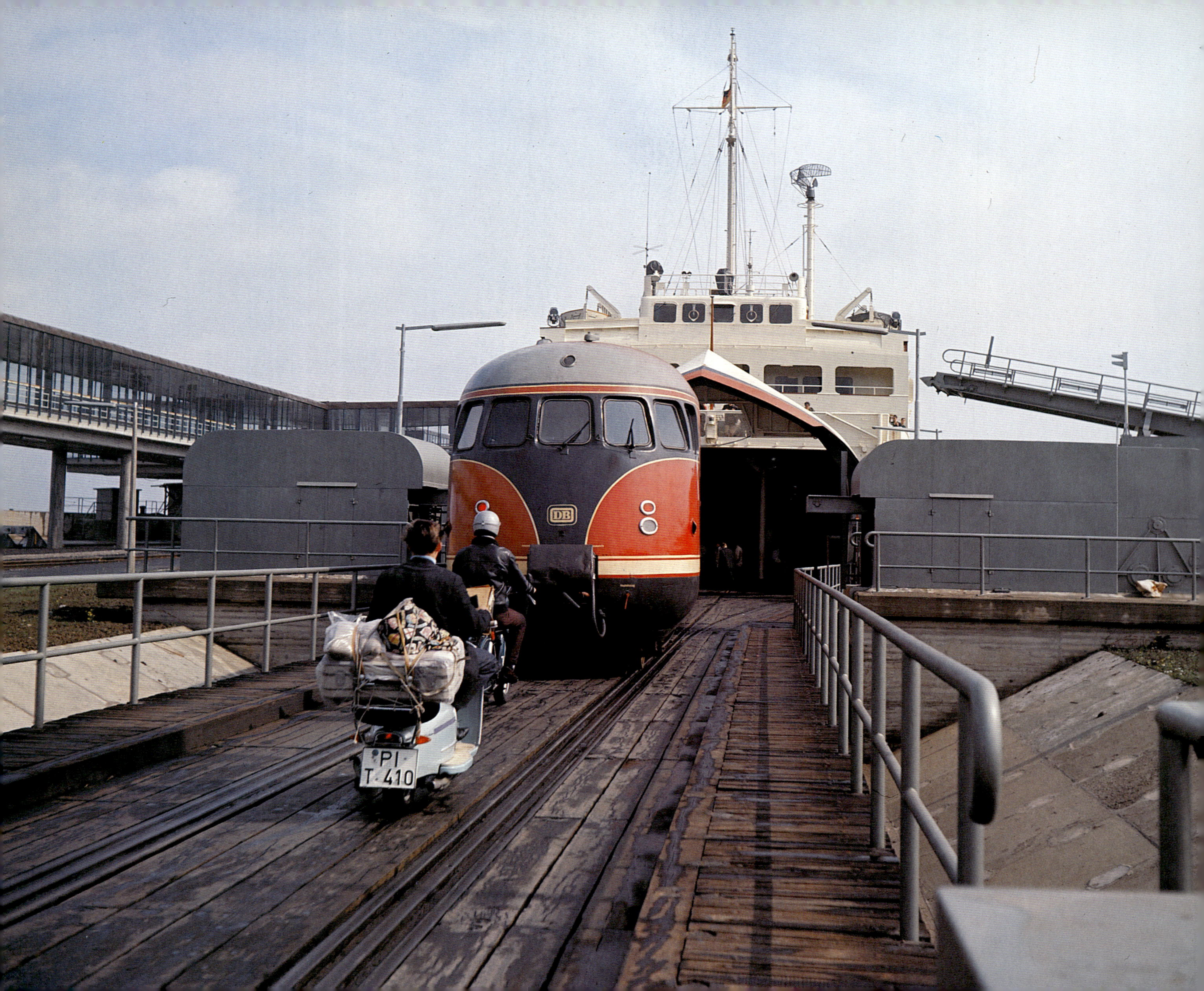
DB
PI
T 410

Lange Jahre bestanden durchgehende Schnelltriebwagen-Verbindungen als D 141/142 Hamburg – Kopenhagen, zunächst über die alte Trajektlinie Großenbrode – Gedser, ab 1963 über die Vogelfluglinie, mit Wagen der Reihe VT 12. Wir sehen zwei Szenen vom »Einchecken« eines solchen Zuges in den dreigleisigen Bauch des 1957 erbauten Fährschiffes »Theodor Heuss«.
Der Motorrollerfahrer aus Pirmasens hat eine weite Reise hinter sich! Interessant die grauen Kästen links und rechts vom Zug; es sind Verblendungen der Hebewerke, welche die Übergangsbrücke am schiffseitigen Ende je nach Wasserstand auf die richtige Höhe bringen müssen.

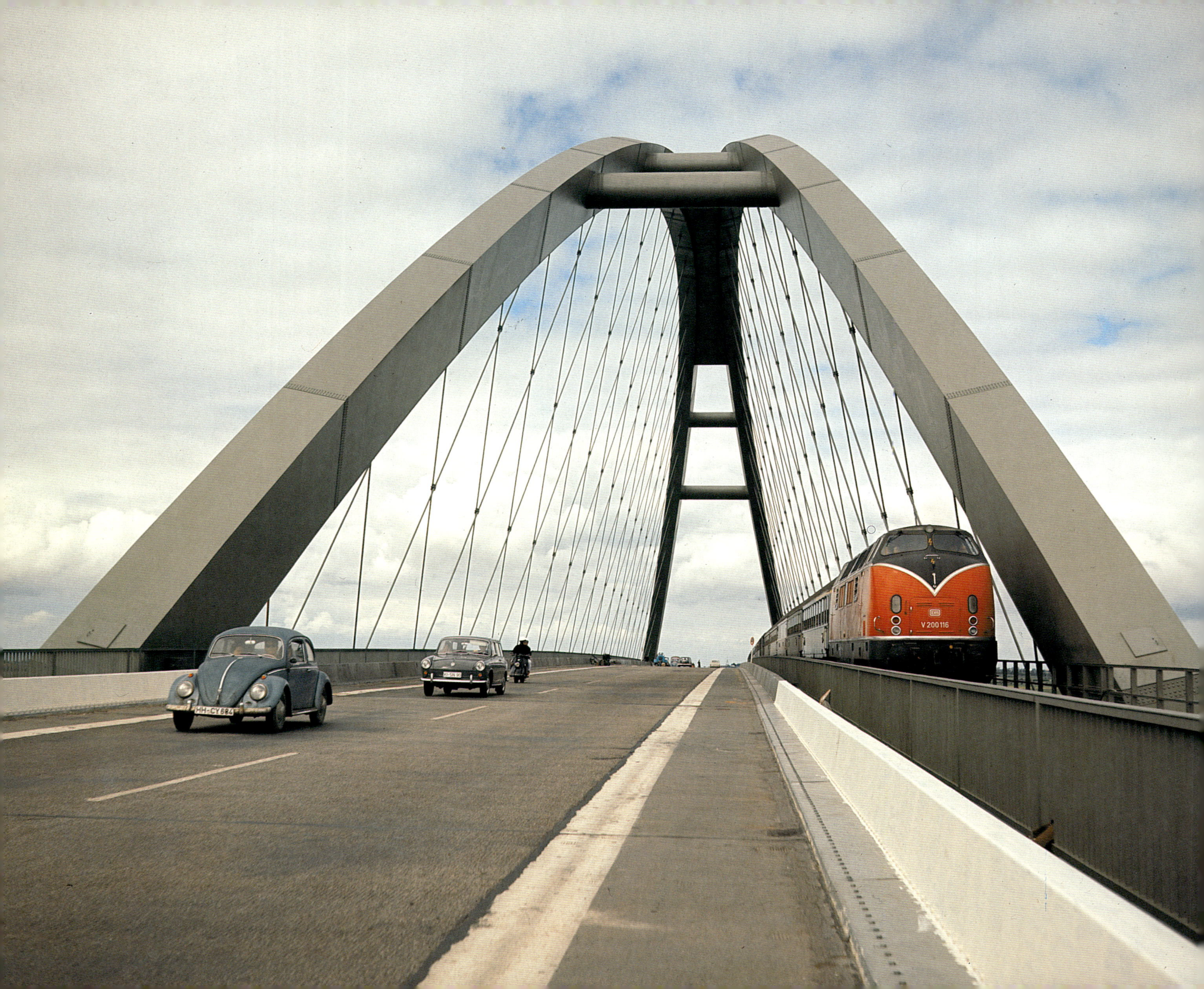
HH-CY 684
DB
V 200 116

Die mächtige Fehmarnsundbrücke aus normaler und aus luftiger Perspektive: links V 200 116 mit einem südwärts fahrenden Schnellzug, wobei die leichte Vorspannung der Brücke – oder anders ausgedrückt: der Knick nach oben – an der Wagenschlange gut zu erkennen ist. Rechts brummt eine Schwestermaschine Puttgarden entgegen, weit schweift der Blick vom 70 m über dem Meeresspiegel gelegenen Standort des Fotografen in das flache holsteinische Land hinein nach Süden. Derselbe hat übrigens keine lebensgefährliche Kletterpartie unternommen: im rechten Obergurt führt ein eigener Laufsteg vom Fahrbahnniveau bis zum Brückenscheitel hinauf.

Personen- und Eilzüge wurden mit V 100 bespannt. Eine Maschine befindet sich gerade auf dem »Kleiderbügel«, der 240 m weit spannenden Hauptöffnung. Auch dieses Foto wurde von der Insel aus »geschossen«.

Eine V 200¹ führt einen Transitgüterzug über die beiden Nebentragwerke auf der Inselseite Puttgarden entgegen; das metallene Dröhnen hat dabei einen Vogelschwarm aufgeschreckt.

Die für den Eisenbahnfreund sicher interessantesten Loks auf der Vogelfluglinie waren in den ersten Jahren die neun Vorserienmaschinen der Reihe V 160 (001–009), die 1960 bis 1962 abgeliefert worden waren und hier bis etwa 1969 ihre ersten planmäßigen Einsätze fuhren. Gut zu erkennen ist der weiß-rote Ursprungsanstrich der nach ihren rundlichen Fronten so genannten »Lollos«, der schon Mitte der sechziger Jahre dem Einheitsrot der DB-Dieselloks weichen mußte. Links ein Güterzug auf der Auffahrtsrampe zur Brücke, bei dem gleich hinter der Maschine ein äußerst seltenes Stück eingereiht ist – nämlich ein Bahndienstwagen, entstanden aus einem »Fakultativwagen« der Gattung Nmi der Kgl. Bay. Staatsbahn um 1910, also einem Güterwagen, der bei Bedarf auch als Personenwagen einsetzbar war! Rechts steht die V 160 008 aus der Nachlieferung von 1962 im Bahnhof Puttgarden neben dem Fährschiff »Deutschland«, das 1953 für die Linie Großenbrode-Gedser gebaut worden war. Anfang der achtziger Jahre wurden die Prototyplokomotiven, zuletzt im Ruhrgebiet vor Güterzügen eingesetzt, bereits wieder ausgemustert.

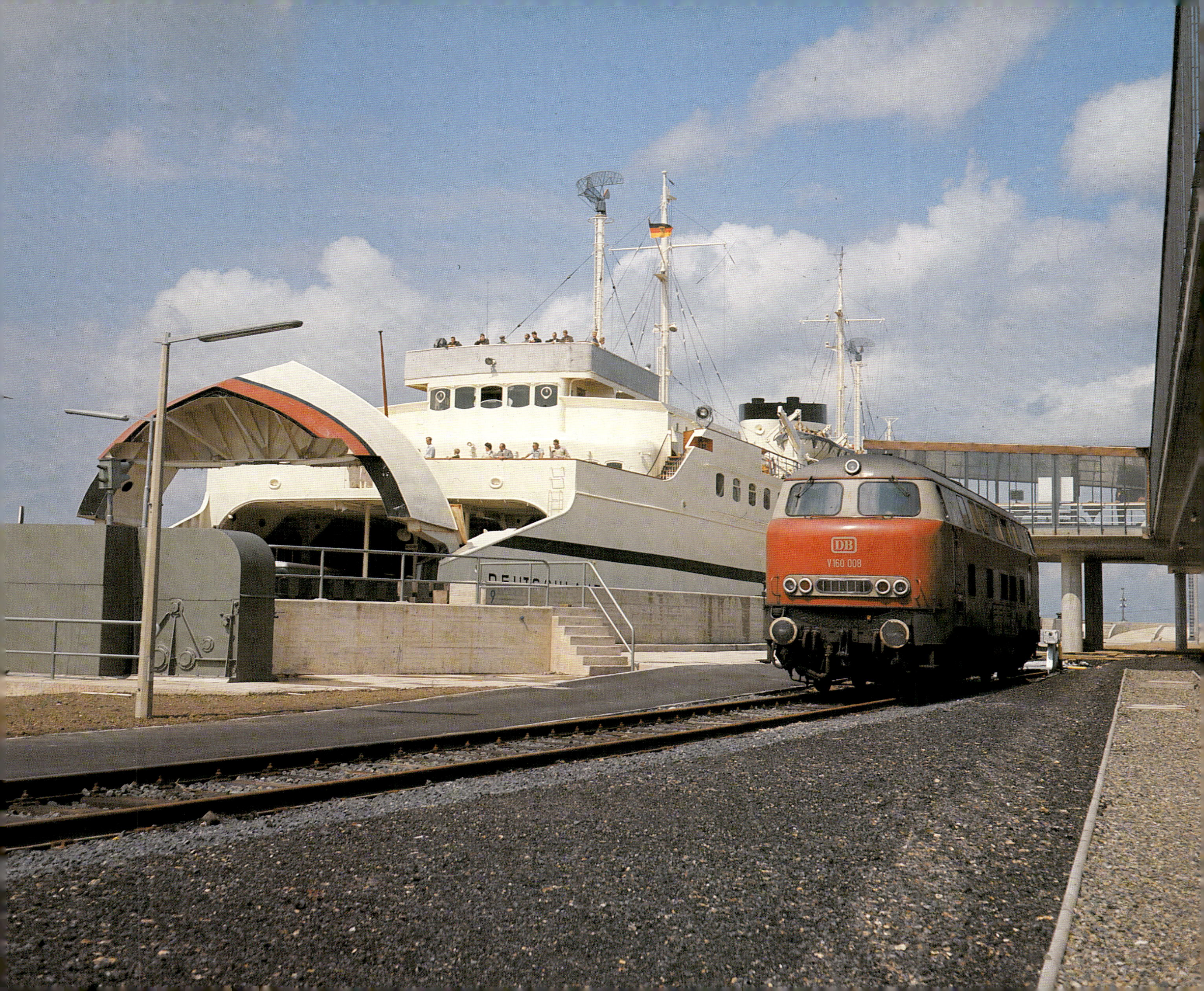
DB
V160 008

Menschen, Tiere, und Güter rund um die Bahn

In unserem letzten Kapitel soll einmal nicht die Technik im Vordergrund stehen, sondern das »Ambiente« der frühen Bundesbahn: wie der Fahrgast umsorgt wurde, welche Güter befördert wurden und wie die Eisenbahner Dienst verrichteten. Es soll und kann dies kein repräsentativer Querschnitt sein, eher Schlaglichter einer Epoche, die ein Vierteljahrhundert oder länger zurückliegt und denjenigen, der sie miterlebt hat, noch heute begeistern kann. Welche Unterschiede beispielsweise bei Schlaf- und Speisewagen, beide in den Fünfzigern nur von einem kleinen, begüterten Kreis frequentiert und dementsprechend exklusiv und gediegen, und denselben Fahrzeugbauarten heute: für die Verpflegung des durchschnittlichen Intercityfahrgastes, der heute einen Querschnitt durch die bundesdeutsche Bevölkerung darstellt, und für den Massentourismus der Freizeitgesellschaft eingerichtet, bieten sie akzeptable Angebote zu vernünftigen Preisen – manch einer wird allerdings der Exklusivität von früher ein wenig nachtrauern. Ob besser oder schlechter – diese Frage muß jeder für sich entscheiden.

Beim Anblick des Güterwagenparkes – speziell beim Bild mit den weißen Fiat-Autos – wird deutlich, wie groß seinerzeit noch der Anteil »normaler« Güterwagen war. Der zeitgemäße Güterverkehr verlangt Spezialwagen verschiedenster Bauart.

Symbolisch verkörpert diese Aufnahme, wie die frühe Bundesbahn mit Resten aus der Kriegszeit wirtschaften mußte und welche Nutzungsänderungen dabei herauskamen. Der abgebildete »Landserschlafwagen«, als Gattung MC4i im Jahre 1944 vom späteren Wagendezernenten Mielich für den beschleunigten Rücktransport der deutschen Truppen aus den okkupierten Gebieten entworfen und in einer Auflage von 100 Stück gebaut, konnte mit seiner zeitgenössisch äußerst sparsamen Einrichtung im Personenverkehr nicht einmal in den fünfziger Jahren mehr genügen und wurde in einen Gesellschaftswagen umgebaut. Fremdartig, aber sehr zweckmäßig: die unbekleideten Rautenfachwerke, die dem Wagen die nötige Steifigkeit verleihen; Untergestell und Laufwerk stammten von kriegszerstörten Schnellzugwagen.

So einfach die Wartung der Dampflokomotiven im Vergleich zu Elektro- und Diesellok auch war, so erforderte sie doch bereits den Einsatz moderner Technik. Mit Ultraschallgeräten wurde ab den fünfziger Jahren erfolgreich versucht, den gefährlichen und oft kaum sichtbaren, durch große Materialbeanspruchung oder -ermüdung verursachten Rissen in Gestänge und Laufwerk schnellfahrender Dampfloks Herr zu werden. Hier wird gerade ein Treibrad einer 01 durchgeprüft.

Sorgfältige Reinigung erforderten die Fronten der schnellen Langstreckenfahrzeuge, die durch Insekten, Schwebstoffe und hochgewirbelten Schmutz oft unansehnlich wurden. Eine ganze Mannschaft befreit im Bw Frankfurt-Griesheim den VS 08 505 vom Dreck der »großen weiten Welt«.

Nicht nur den Fahrzeugen, auch dem Fahrgast ließ man höchste Pflege angedeihen. Um 1960 gab es noch geräumige, mit dunklem Holz getäfelte Schlafwagen anstelle der raumfahrtmäßig minimierten Zellen eines heutigen TEN (»Trans Euro Nacht«)-Wagens, und der Schaffner der »Deutschen Schlaf- und Speisewagen-Gesellschaft« (DSG) schenkte Rotwein als Schlaftrunk aus ... Immerhin: dieser Service ist erhalten geblieben.

Fernreisezüge mit Schlaf- und Speisewagen erfordern zur Betreuung der Fahrgäste eine vielschichtige Mannschaft, die sich auf unserem Bild im Frankfurter Hauptbahnhof vor einem WLAB4üm, einem Schlafwagen 1./2. Klasse der vorgenannten DSG, zum Gruppenfoto versammelt hat: Speisewagenkoch und -kellner in weiß, Zughostessen, Zugführer, Schaffner in blau und der DSG-Schlafwagenschaffner in grau ergeben ein buntes Bild.

»Ja, das Schreiben und das Lesen, ist nie mein Fach gewesen, denn schon von Kindesbeinen befaßt' ich mich mit Schweinen ...« – wer kennt nicht diese geflügelten Reime aus dem »Zigeunerbaron«? Der DB-Ladeschaffner im Hintergrund aber ist trotz seiner Beschäftigung mit dem Borstenvieh dieser Tätigkeit kundig, auch wenn er – dem angestrengten Blick nach zu schließen – gerade eine »Nuß zu knacken hat«. Die gesittete Schweinefamilie im Vordergrund wird wohl ihre erste und zugleich letzte Eisenbahnfahrt antreten ...

»Von Haus-zu-Haus«-Verkehr mit Großbehältern als Vorläufer der heutigen Container, die auf Bahn und Straße mittels Spezialfahrzeugen befördert wurden, war in den frühen Sechzigern weit verbreitet. Biertransport auf derartige Weise dürfte aber selten gewesen sein, schon wegen der geringen Mengen, die damit transportiert werden konnten. Als Zugfahrzeuge dienten üblicherweise Sattelschlepper verschiedener Marken, z. B. Magirus-Deutz, Daimler Benz u. a.

Das Automobil – schon damals der Deutschen liebstes Kind: Links offenbar eine Vorführungsfahrt eines der vier in den Jahren 1956/57 erbauten »DPW4ümg« Doppelstockpackwagen für den Einsatz in Reisezügen, die acht Pkw über ein 5,25 m breites Rolltor und eine drehbare Hubbühne aufnehmen konnten. Wegen der recht hohen Transportkosten kam man – nach dem Bau zweier verbesserter Prototypen 1960 – wieder davon ab, obwohl die Wagen sich durchaus bewährten und beispielsweise noch 1979 in durchgehenden Schnellzügen Hamburg – Mailand zu sehen waren. Zugleich scheint es eine Produktpräsentation aus Rüsselsheim gewesen zu sein, denn das Starmodell – ein 1958er Opel Kapitän, der europäische Abklatsch der damals in den USA heißbegehrten »double wing cars« mit ihren Haifischflossen – posiert nagelneu auf der Hubbühne. Als Zuglok im Bahnhof Niedernhausen/Taunus fungiert übrigens eine V 80.

Rechts ein Bild, das im Vergleich zur mondänen Generaldirektorskarosse geradezu allerliebst wirkt: Es zeigt ein Erzeugnis der Firma Hans Glas aus Dingolfing in Niederbayern, wegen der Unabhängigkeit vom »normalen« Führerschein – es genügte der alte »Vierer« – vor allem von älteren Personen und von Mopedfahrern hoch geschätzt: das berühmte »Goggomobil«, niedlich umhüllt und sozusagen im Fünferpack auf einem Flachwagen. Wer weiß noch, daß sich der Name vom Sohn des Firmenbesitzers Glas mit Vornamen Georg – »Goggo« – ableitete? In Dingolfing findet heute bayerische »high tech« statt, werden BMW-Wagen nach modernsten Gesichtspunkten hergestellt. Bemerkenswert ist daneben noch der Reichsbahn-Güterzugbegleitwagen gleich hinter der V-60-Verschublok.

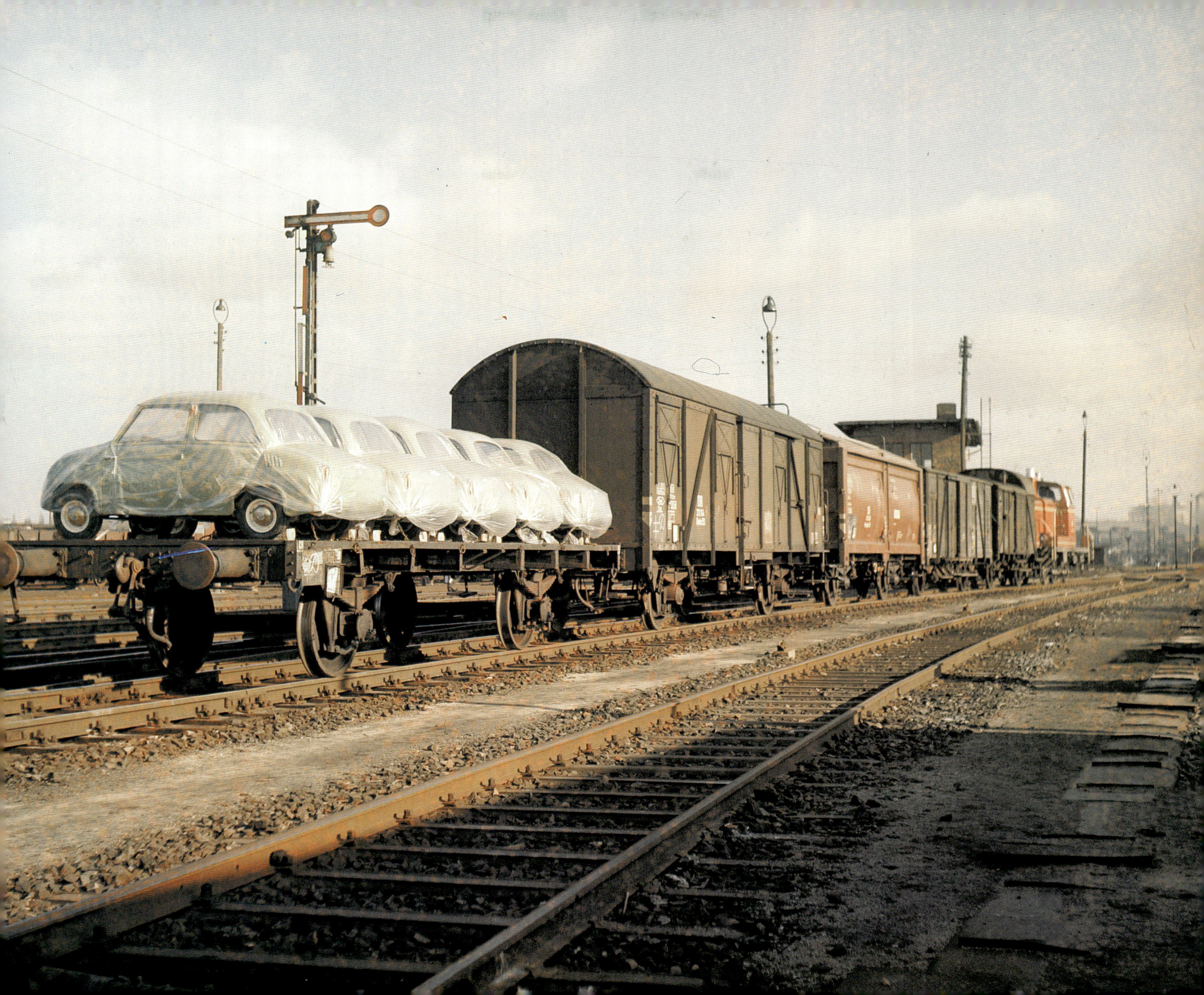

Links:
Mehrere Stufen höher standen diese Gefährte: FIAT 1500 aus den frühen sechziger Jahren, für die der Bahnhof Neu Isenburg bei Frankfurt als zentrales Auslieferungslager für die ganze Bundesrepublik diente.

Rechts:
Als Abschluß unserer automobilen Betrachtungen eine neuere Aufnahme vom Anfang der siebziger Jahre. Gerade im Vergleich mit dem Kleinserienhersteller Glas wird deutlich, wie sehr Massenfabrikation im Gewerbe dominiert. Auf unserem Bild, dem die Wagenschlangen fotografischen Reiz verleihen, verlassen zwei Autotransportzüge mit Henschel-Werkbahnloks das Volkswagenwerk in Wolfsburg.

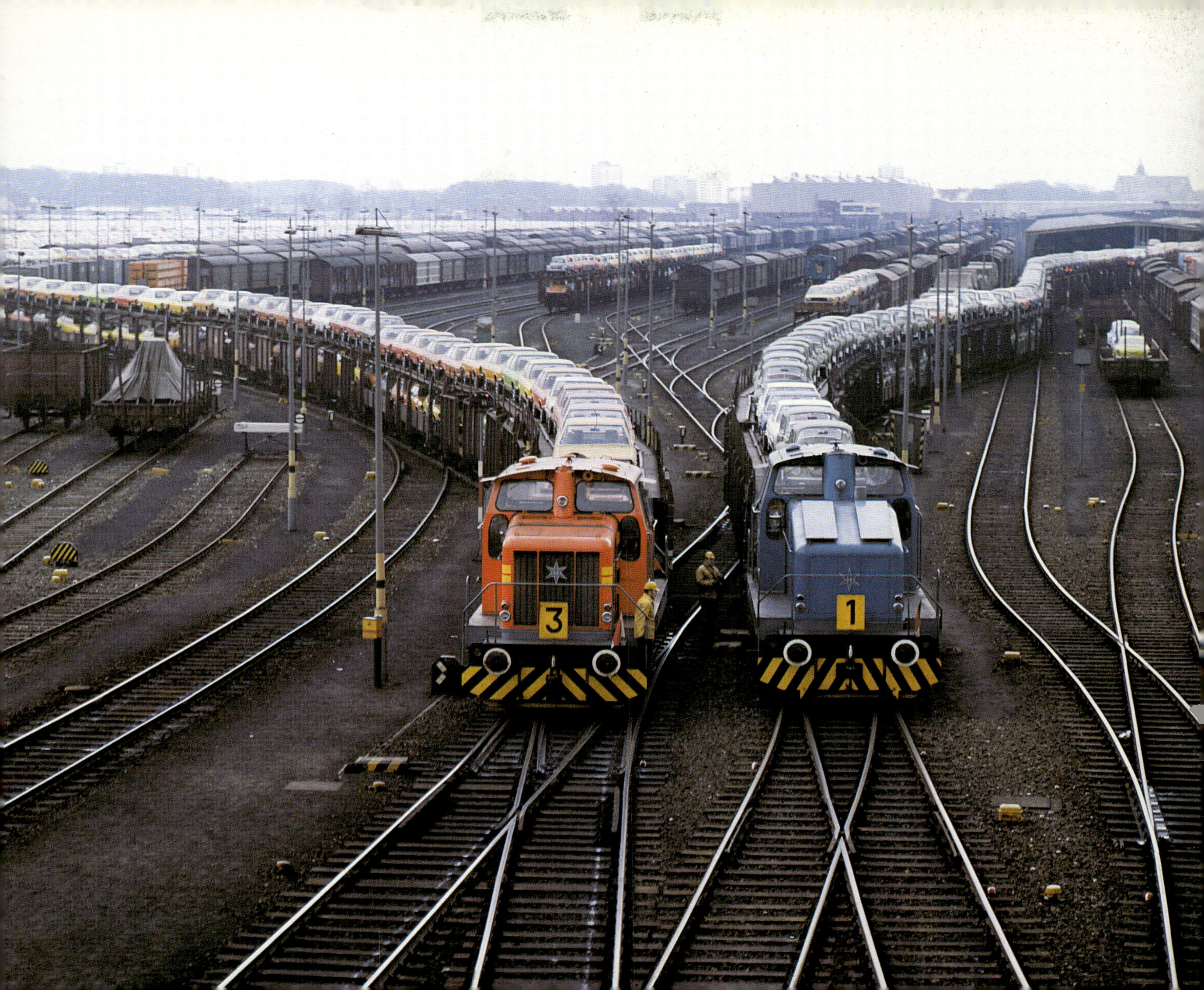

Die sichere Beförderung ihrer Fahrgäste zu allen Jahreszeiten gewährleistet die Eisenbahn als einziges Fernverkehrsmittel. Mollige Wärme wird in den Wagen der Vorkriegsbauarten 28 und 39 des Schnellzuges Salzburg – München herrschen, der hinter einer E 18 im sinkenden Licht eines frostigen Wintertages über die Weichen des Bahnhofs Bergen/Oberbayern klirrt.

Bevor fernheizbare Weichen eingeführt wurden, war das Auftauen vereister Gleiswechsel mit Propangasbrennern eine ebenso mühevolle wie auch gefährliche Angelegenheit. Unser Bild zeigt das Vorfeld des Frankfurter Hauptbahnhofs um 1962 mit einem VT 11^5 im Hintergrund, bei dem es sich um den TEE »Helvetia« handeln könnte.

Lokführer in modernen Diesel- und Elektrolokomotiven arbeiten heute recht komfortabel. Ein Blick in den Führerstand einer neuen »Bügelfalten« – E 10 (Betriebsnummer ab E 10 288); der Lokführer umfaßt das Schaltrad, mit dem die Fahrstufen mechanisch betätigt werden. Rechts die beiden Bremsventile für Wagenzug (unten) und leerfahrende Lok (oben).

Mit noch höherer Aufmerksamkeit als sonst werden die Lokführer die Last befördert haben, die einigen besonders ausgewählten, erfahrenen Männern im Mai 1965 anvertraut wurde: den Sonderzug der britischen Königin Elizabeth II., die im Mai 1965 eine Reise durch die Bundesrepublik unternahm. Das Innere des Salonwagens der »Queen« strahlt eine elegante Unaufdringlichkeit aus, wenngleich es für den heutigen Geschmack etwas überholt wirkt; der Wagen selbst war 1940 gebaut worden und stammte noch aus den schier unerschöpflichen Salonwagenbeständen des Dritten Reiches, von denen die DB lange zehren konnte.

Links:
Nochmals besondere Ladegüter: Zur »Zuckerrübenkampagne« erwacht selbst auf verschlafenen Nebenstrecken mehrere Wochen lang emsiges Treiben, wenn von Oktober bis Januar die Rüben in den Omm-Hochbordwagen von den Landbahnhöfen in die Zukkerfabriken gebracht werden, wo man sie mittels kräftiger Wasserstrahlen einfach aus den Wagen spült. So werden sie schnell und personalsparend entladen und gleich noch gesäubert.

Rechts:
Der Zirkus kommt! Generalstabsmäßige Planung ist nötig, wenn ein großer Wanderzirkus – wie hier Franz Althoff – im Rahmen einer Tournee in langen Güterzügen über die Schienen rollt. Unsere Szene vom Entladen entstand um 1960.

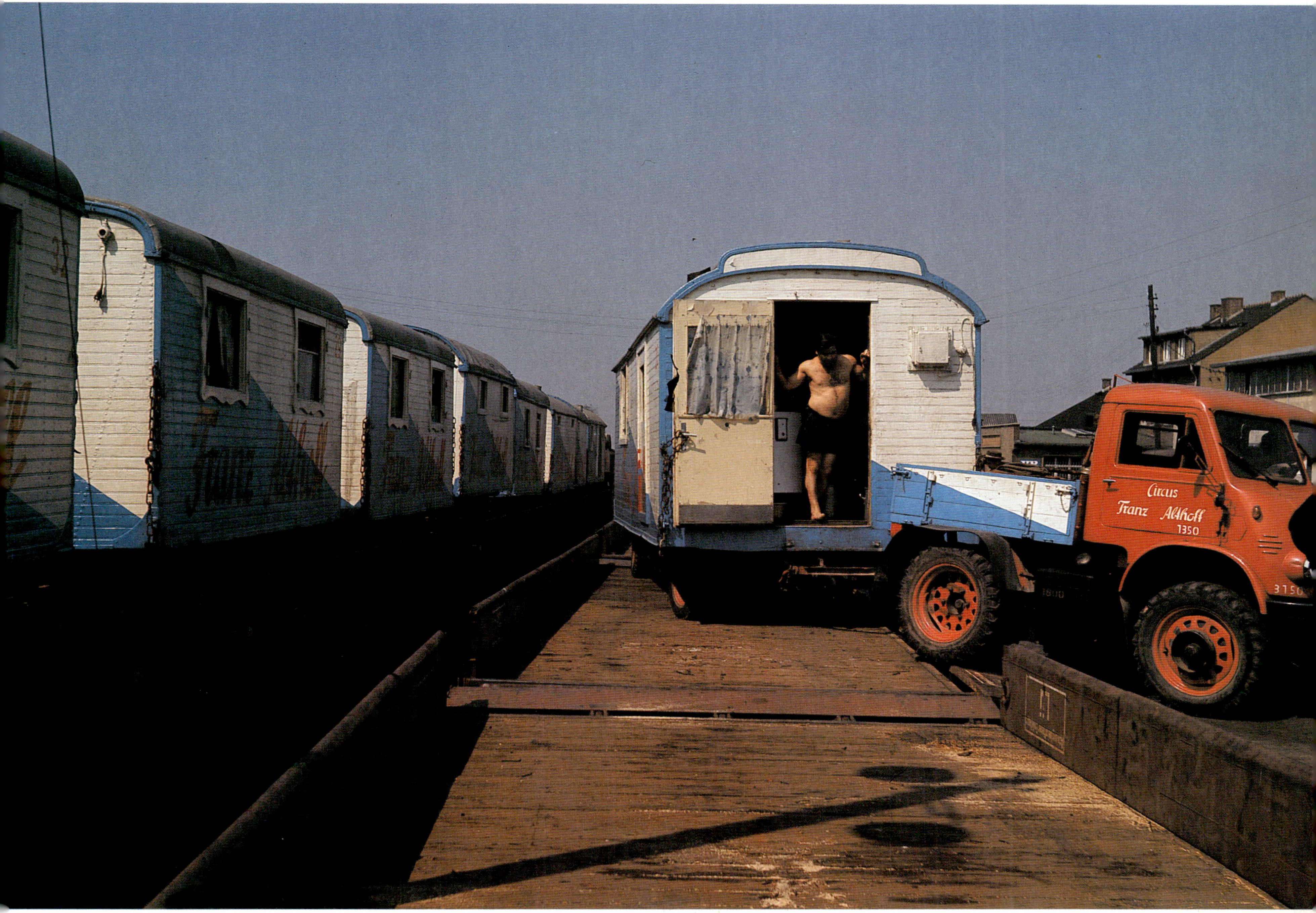
Circus
Franz Althoff
1350

Szenen wie diese waren Mitte der sechziger Jahre alltäglich – die massiven Elektrifizierungsarbeiten erforderten den Bau und Einsatz des intern so bezeichneten VT 55, eines dieselgetriebenen Turmwagens für Fahrleitungsbau, -reparatur und -instandhaltung. In einer Großserie von 170 Stück war er auf der Basis des Schienenbusses gebaut worden (rechts). Das linke Bild zeigt den graphischen Reiz der elektrischen Fahrleitung, vor welcher der mit Ketten gesicherte Arbeiter wie ein Scherenschnitt wirkt.

Bei Beförderung in Zügen
nur am Schluß einstellen !
Bei Beförderung in Zügen
nur am Schluß einstellen!
116

Foto entnommen aus
Konrad Hierl/Andreas Ritz:
Die Elektrolokomotiven bei der Deutschen
Bundesbahn; erschienen in der
Franckh'schen Verlagshandlung Stuttgart.

EISENBAHNGESCHICHTE IM BILD

Udo Paulitz

Dampf auf der Emslandstrecke

Dieser Bildband zeigt eine der bekanntesten Eisenbahnstrecken und ist ein Dokument der letzten Jahre dampfbetriebenen Zugbetriebs bei der Deutschen Bundesbahn. Die Emslandstrecke zwischen Rheine und der Nordseeküste wurde am längsten von Dampfloks befahren. Ein besonderes Glück für Eisenbahnfreunde und Fotografen, denn dort kamen die gewaltigen und doch eleganten Maschinen der Baureihen 012, 042, 043 und 044 zum Einsatz. Für diesen Band hat Udo Paulitz 170 der schönsten Farbdias aus seinem umfangreichen Archiv ausgewählt, die die längst vergangene Epoche noch einmal lebendig werden läßt.
159 Seiten, 170 Abbildungen, gebunden
ISBN 3-440-05910-3

Georg Wagner

Die DB der achtziger Jahre

In diesem Farbbildband zeigt Georg Wagner mit brillanten Farbfotos aus dem eigenen Archiv sowie aus denen weiterer, ausgezeichneter Eisenbahnfotografen den Kontrast, den vielfältigen Reiz von alt und neu, von Neubaustrecken und Altbau-Lokomotiven, von alter und neuer Farbgebung, von E 18 oder E 94 und ICE. Insgesamt gibt er mit rund 190 Farbbildern einen Überblick über das Geschehen bei der DB in den Jahren 1980 bis 1989. Ein repräsentativer Querschnitt mit den fotografischen Höhepunkten der bundesdeutschen Bahnlandschaft der 80er Jahre.
176 Seiten, 189 Abbildungen, gebunden
ISBN 3-440-06045-4

Klaus Fader

Die Rhätische Bahn in Farbe

Klaus Fader beschreibt kurz die Geschichte der Rhätischen Bahn, schildert die Entwicklung der einzelnen Teilstrecken und erläutert die technischen Besonderheiten. 161 Aufnahmen zeigen das gesamte Streckennetz dieser kühnen Gebirgsbahn mit ihren architektonischen und landschaftlichen Schönheiten. Die Triebfahrzeugtypen reichen von den historischen Dampflokomotiven G 3/4 und G 4/5 über das berühmte Krokodil Ge 6/6 bis zu modernen, thyristorgesteuerten Ge 4/4".
158 Seiten, 162 Abbildungen, gebunden
ISBN 3-440-05923-5

Überall dort, wo es Bücher gibt!

franckh

Franckh'sche Verlagshandlung
Stuttgart

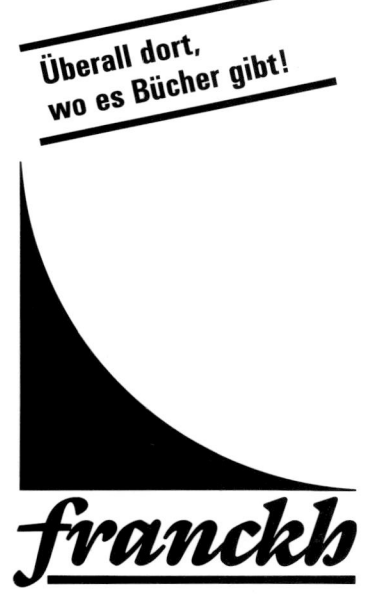

BILDBÄNDE FÜR EISENBAHN-FANS

Überall dort, wo es Bücher gibt!

Arnold Müll

Die schönen 60er Jahre – Nostalgie in Dampf

Bilddokumente aus dem Bw Bebra
In diesem Bildband läßt Arnold Müll noch einmal das packende Schauspiel des Schnellzug-Dampfbetriebes mit den Dampfloks 01 und 01[5] Revue passieren. Im Bahnhof und Bahnbetriebswerk des Eisenbahnknotenpunktes Bebra gelangen ihm in den Jahren 1965 bis 1973 einzigartige Großformat-Aufnahmen dieser unwiderruflich zu Ende gegangenen Epoche. Beeindruckende Fotos zeigen die Lokomotiven auch in ihren Details und vermitteln dem Leser die Atmosphäre der Dampflokzeit.
143 Seiten, 148 Abbildungen, gebunden
ISBN 3-440-05786-0

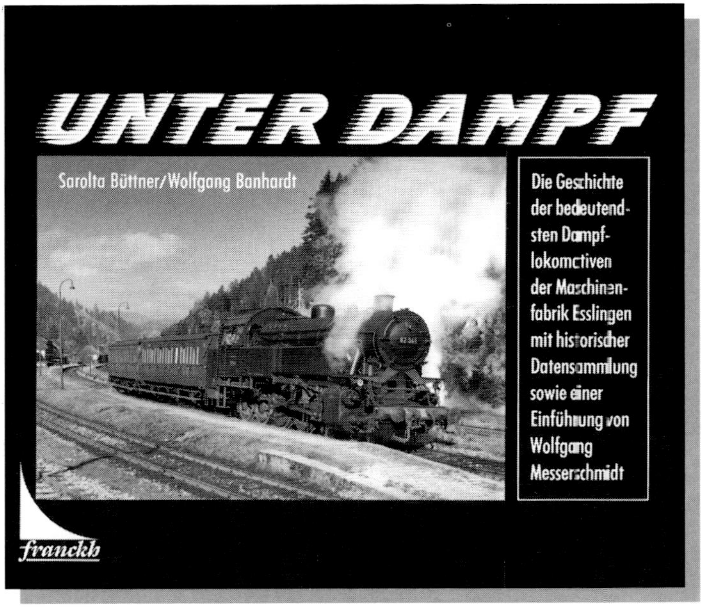

Karl-Ernst Maedel

Eisenbahn zu meiner Zeit

Lokomotiven, Züge, Menschen 1925–1970
Karl-Ernst Maedel schildert die Epoche Eisenbahngeschichte, die ihn geprägt hat. In den Jahren 1925 bis 1970 gab es wichtige Ereignisse und Konstruktionen: endgültiger Nummernplan, Einheitslokomotiven, Krieg und Neubeginn, Ende der Dampflokzeit, Elektrifizierung. Mit zum Teil historischem Bildmaterial und persönlichen Anekdoten des erfolgreichen Autors wird dieses Buch zu einem wahren Lesevergnügen für Eisenbahnfreunde. Tabellen und Fahrplanauszüge und -übersichten sowie Lokomotiv-Verzeichnisse geben zusätzlich Auskunft über diesen Teil Eisenbahngeschichte.
159 Seiten, 150 Abbildungen, gebunden
ISBN 3-440-05952-9

Sarolta Büttner/Wolfgang Banhardt

Unter Dampf

In diesem Buch werden die bedeutendsten Dampflokomotiven der Maschinenfabrik Esslingen (ME) in Wort und Bild dargestellt. Historische Fotos und Skizzen zeigen die Produktpalette der ME, die wohl eine der berühmtesten europäischen Lokomotivfabriken war. Die historische Datensammlung gibt einen Überblick über den Werdegang dieses traditionsreichen Unternehmens. Der Esslingen-Experte Wolfgang Messerschmidt hat das Werk überarbeitet und mit einem Vorwort versehen.
110 Seiten, 60 Abbildungen, gebunden
ISBN 3-440-05868-9

Franckh'sche Verlagshandlung
Stuttgart